# 杜振忠的老调人生

路焕银 著

河北大学出版社
·保定·

杜振忠的老调人生

出 版 人：朱文富
责任编辑：张　磊
装帧设计：张彦琪
责任校对：刘景坤
责任印制：常　凯

图书在版编目（CIP）数据

杜振忠的老调人生 / 路焕银著．-- 保定 ：河北大学出版社，2022.10
ISBN 978-7-5666-2067-5

Ⅰ．①杜… Ⅱ．①路… Ⅲ．①杜振忠－事迹 Ⅳ．① K825.78

中国版本图书馆 CIP 数据核字 (2022) 第 164809 号

出版发行：河北大学出版社
地址：河北省保定市七一东路 2666 号　邮编：071000
电话：0312-5073019　0312-5073029
邮箱：hbdxcbs818@163.com　网址：www.hbdxcbs.com
经　销：全国新华书店
印　刷：保定市北方胶印有限公司
幅面尺寸：170 mm × 240 mm
印　张：15.25
字　数：250 千字
版　次：2022 年 10 月第 1 版
印　次：2022 年 10 月第 1 次印刷
书　号：ISBN 978-7-5666-2067-5
定　价：68.00 元

如发现印装质量问题，影响阅读，请与本社联系。
电话：0312-5073023

# 序

大约是2017年的上半年，有一天我和杜振忠老师在远碧斋聊天，那时杜老师刚退休不久，我建议他把自己一生从事老调艺术的经历回忆梳理一下，以总结过去，激励后人，传承未来。当时杜老师面露难色，在我的鼓励和支持下，他表示可以试一试。岁月如梭，一晃5年过去了，今年春节前夕，杜老师有些兴奋地给我打电话，说由保定作家路焕银老师撰写的《文武小生杜振忠》（后来我建议将书名改为《杜振忠的老调人生》）创作完成，想请我写个序，随后便将书稿的电子版发给了我。认真拜读之后，我对杜老师的人生经历有了更加全面且深入的了解，尤其对他钟情老调艺术、热爱老调事业，对老调演员这个职业终生不离不弃的情怀，有了更加深刻的理解。

杜振忠是老调艺术的坚守者。保定老调是河北省具有悠久历史的地方剧种之一，也是保定特有的地方戏曲声腔剧种，老调发源于保定，根植于保定。杜老师14岁时入门老调，直到花甲之年仍然在不遗余力地传承老调，他对老调艺术的这种坚守是值得每一个喜爱老调艺术的人，乃至每一个保定人学习和感佩的。

杜振忠是老调艺术的传播者。杜老师从事老调艺术半个多世纪以来，从城市到乡村，从省内到省外，从企业到学校，到处都留下了老调那质朴激越、雄浑宽厚的腔调，使老调这个小众剧种广为人知、广为人爱，从而延续着老调艺术的生命力和影响力。杜老师和他的同事们就像一群勤劳的耕耘者，把老调这个古老的艺术种子播撒在广袤的大地上。

杜振忠是老调艺术的传承者。保定老调是国家级非物质文化遗产项目，遗产只有不断地传承才能保持活力。作为这份珍贵遗产的传承人之一，杜老师不忘初心，牢记使命，他上承崔澄田、王贯英、辛秋花、王辛未等老一辈老调艺术家，下启毛素欣、韩文梅、石艳梅、李淑荣等中生代优秀演员。更为可贵的是，杜老师积极响应并践行国家关于“戏曲进校园”的号召，虽年逾花甲，仍担任着艺术学校和普通小学的名誉校长，为传承老调艺术发挥余热，使老调艺术后继有人，文脉永续。

正如本书作者在书中所写的那样，杜振忠“坚守自己的通透之心，不遗余力地普及老调、宣传老调、传承老调、展示老调，在传帮带的海洋里遨游，在理想的征途上打拼，任前路漫漫，从不停歇。那些收获胜利的片片阵地，成为他越过的一个个人生驿站”。老调需要杜振忠这样的坚守者，需要杜振忠这样的传播者，更需要杜振忠这样的传承者！

我与本书的作者路焕银老师没有见过面，通过阅读这部书稿，我对这位虽年过六旬，依然充满激情的老作家深为敬佩。书稿中的字字句句都体现出作者对杜振忠的理解和对老调艺术的挚爱，我为保定有这样一位执着于本土文化的作家而欣慰和自豪！

“保定有宝，老调不老”，愿世人永视老调为宝，愿保定老调永远不老！

是为序。

马骥峰

2022 年 2 月于保定修己斋

# 目　录

## 从艺之路



## 担纲团长

## 夕阳烈烈

杜振忠的老调人生

# 从艺之路

# 一、序章

## （一）荣获2019年度保定文旅“十佳文化艺术年度人物”称号

2020年4月15日《保定晚报》上的一则消息令我心花怒放，热血澎湃！这一天的《保定晚报》用旅游版的整个版面刊登了2019年度保定市文旅“十佳评选”表彰入围名单，在“十佳文化艺术年度人物”一栏中，“杜振忠”的名字格外醒目，在跃入眼帘的那一刻，我不禁激动万分，感佩不已。因为我知道，“十佳文化艺术年度人物”这个光荣称号对于杜振忠而言实属来之不易，是他用脚踏实地的打拼和无数次的汗流浃背换来的。

十佳文化艺术年度人物

2019年，对于已经63岁的杜振忠来说，是挥汗苦战的一年，是收获满满的一年，是极不平凡的一年。他坚守自己的通透之心，不遗余力地普及老调、宣传老调、传承老调、展示老调，在传帮带的海洋里遨游，在理想的征途上打拼，任前路漫漫，从不停歇。那些收获胜利的片片阵地，成为他越过的一个个人生驿站。

面对着“十佳文化艺术年度人物”的奖牌，往事历历，心潮翻滚。

我是1994年9月8日与杜振忠相识、相知的。那天，青春昂扬的他代表保定地区老调剧团在石家庄参加了与河北长天集团釜阳春酿酒总公司举行的文企联姻签字仪式，时任保定地区电视台副台长的我负责采访工作，在对他进行专访的过程中，我较为全面地了解了他的奋斗史。

那时的杜振忠，身材像小白杨一样挺拔，白白净净，浓眉大眼，面貌清俊，说起话来铮铮有声，带有一种磁性的震动，让人觉得空气都在随声飘荡，颇耐寻味。

那时，受社会大环境影响，保定老调的发展举步维艰，并一度处于濒临塌陷的边缘，可身为老调艺术带头人的杜振忠并没有却步，面对纷繁世界，他不失自己的坚守，纵使红尘万丈，欲海无边，内心始终有自己的定力和一只坚定的锚。

保定老调在卑微的生存状态中显得是那样的弱不禁风，为了尽快摆脱困境，杜振忠绞尽脑汁、想方设法找出路，他的顽强，让我想起宋代诗人王令的诗句："子规夜半犹啼血，不信东风唤不回。"

杜振忠把理想挂上桅杆，奋力摇桨划大船，终于驶向了成功的彼岸。他能够带领老调走上文企联姻的宽阔大道，能够敏锐地感知、深刻地发现和真诚地唤醒老调的尊严，能够让老调重新光芒四射的本事，让我感佩不已，肃然起敬。

1994 年保定地区老调剧团与河北长天集团釜阳春酿酒总公司的文企联姻，让我看到了杜振忠的天赋、精神、能量和品行，更看到了老调生龙活虎般的勃勃生机。在我眼中，文企联姻之后的老调剧团是黎明前吹响的集结号，是铁打铜铸的精神方阵，锣鼓铿锵，声腔嘹亮，身影矫健，红旗飘扬。

后来，我曾多次看过杜振忠主演的大戏，对他的艺术造诣敬佩有加。身为文武小生的他，在剧中演绎了不少爱情故事，无论是"有情人终成眷属"，还是"棒打鸳鸯两离分"，他都演得很唯美，深受广大观众的喜爱。

杜振忠饰演过的角色大多与普通人的生活、理想和命运息息相关，贴近大众的情绪、情感和审美心理。烟火日常，是他最真实的演绎状态，因此，他在舞台上的表达是活态化的。

杜振忠很懂"传承"二字的深刻内涵和精髓。这份懂，最是情深。这份懂，是轻柔岁月里的一缕暗香，是日常传承老调的相依相随的一份陪伴，是百倍珍惜老调艺术的一份珍藏，是百转千回后的一份执着，是在危机四伏中找到突破口的一份惊喜。长路漫漫，风雨如磐，他那份对老调的懂得，蕴含着憧憬和对

文企联姻签字仪式合影

未来的期盼。他那份对传承老调深刻内涵的懂得，是在风风雨雨中磨炼出的坚强。他那份对老调艺术的情有独钟与孜孜追求，让花儿与暖阳如约而至，为他演绎了一个又一个明媚的春天。在他对老调不离不弃、苦苦追逐的岁月里，总会有秀丽的暗香浮动和多彩的花瓣为他提供一个又一个灵魂的支点。在他追逐梦想的崎岖坎坷的小路上，总有惊喜迸现，因此，他从未停下过前进的脚步。一道道穿越时空的闪电，照亮了他上下求索的道路，并永恒地不断延伸着。于是，在下一个巷口，甜美的果实如约而至。

2017 年，我 63 岁，当杜振忠得知我依然爱看老调戏时，他非常高兴，并笑着说："谁爱看老调戏，谁就是我的朋友。看老调戏的人越多，我越兴奋，越激动，越唱得起劲儿!"

我发现，杜振忠宣传老调、普及老调、传播老调的积极性很高，且力度非常大。当杜振忠主动把他演出的光盘送给我之后，我特意买了一台播放光盘的设备，随即如饥似渴地反复观看、欣赏。他的唱、念、做、打令我沉醉，他塑造的一个个鲜活生动的人物形象、演绎的一段段一波三折的故事情节，以及令人心驰神往的精彩表演，深深地吸引着我专注的眼神，让我不时击节赞叹。

2018 年，64 岁的我学会了使用手机微信，杜振忠又把他在央视演出的视频发给了我，并语调极其诚恳地对我说："你也学唱老调吧，唱老调能让你年轻，能让你充满青春活力，能让你健康长寿。"

于是，挚爱老调戏曲的我开始跟着杜振忠发来的视频学唱老调，之后陆陆续续学会了《红衣仙子》选段、《盘夫》选段，以及根据保定市悦众集团董事长陈爱军事迹创作的老调戏歌《还乡》等。

学会这些唱段之后，我多次到滨河公园、府河公园、清苑公园、易县黄山村、高新区贤台村、顺平县淋涧村、徐水区曲水村、莲池区南常保村、满城区方顺桥村、清苑区北大冉村、安新县沈家坯村等地参加民间艺人组织的公益演出活动，以真情实感和对老调艺术的满腔热忱，传播老调，宣传老调，充分表达了我对老调艺术的敬畏之情，并在一定程度上丰富了广大民众的业余文化生活，受到了广大民众的好评。

随着演唱水平的不断提高，在 2019 年举办的河北省中老年才艺大赛中，我彩唱的《红衣仙子》选段荣获了保定赛区（初赛）银奖，河北省赛区（决赛）铜奖。此外，在保定市莲池区举办的戏曲大赛中，我的表演荣获了优秀奖。在京津冀戏曲票友大赛中，我凭借演唱《盘夫》选段通过了海选，进入了复赛，并最终凭借《红衣仙子》选段闯进了决赛。这一系列的参赛经历使我从一个普通戏迷，逐步成长为一个小有名气的票友，而我取得的这些成绩，则要完全归功于杜振忠的帮助。

我在《说古论今》当编辑时，曾给杜振忠写过人物通讯，因此对他的生活轨迹较为了解。杜振忠是个有故事的人，他的故事绵密紧致、环环相扣、跌宕起伏、一波三折。他应对万千日常琐事的方式和选择都是他的生存状态，都是他的生活遭际、生活方式和思维方式，都是基于他人生阅历和文化修养的性格和习惯。他通过大胆开拓，不断创造着更适合老调生存和发展的方式与空间，所绘制的瑰丽画卷美不胜收。

杜振忠是保定老调名家，中共党员，国家一级演员，曾是中国戏剧家协会会员、保定市第十一届政协委员，是观众心目中不老的文武小生，也是省级非物质文化遗产保定老调的代表性传承人。在他担任保定老调剧团书记、团长的 23 年漫长岁月里，一直激情燃烧的他始终用"俯首甘为孺子牛"的战斗姿态，用饱蘸青春热血的巨笔，在老调艺苑绘制蓝图，谱就华章，恪尽职守，开拓进取，好戏连台，捷报频传，一路飘红。

2011 年，杜振忠从老调剧团的领导岗位上退下来以后，他不忘初心，牢记使命，听从领导的安排，勇敢地挑起了保定市直隶老调艺术研究院院长的重担，带领老调精英团队继续砥砺前行，在传承老调的金光大道上，以更加昂扬的斗志和更加专业的能力，努力践行为人民服务的初心和宗旨，顽强拼搏，阔步向前。后来，由于他组织的老调戏曲进校园活动产生了很好的社会影响，杜振忠被聘为保定市河北小学名誉校长。

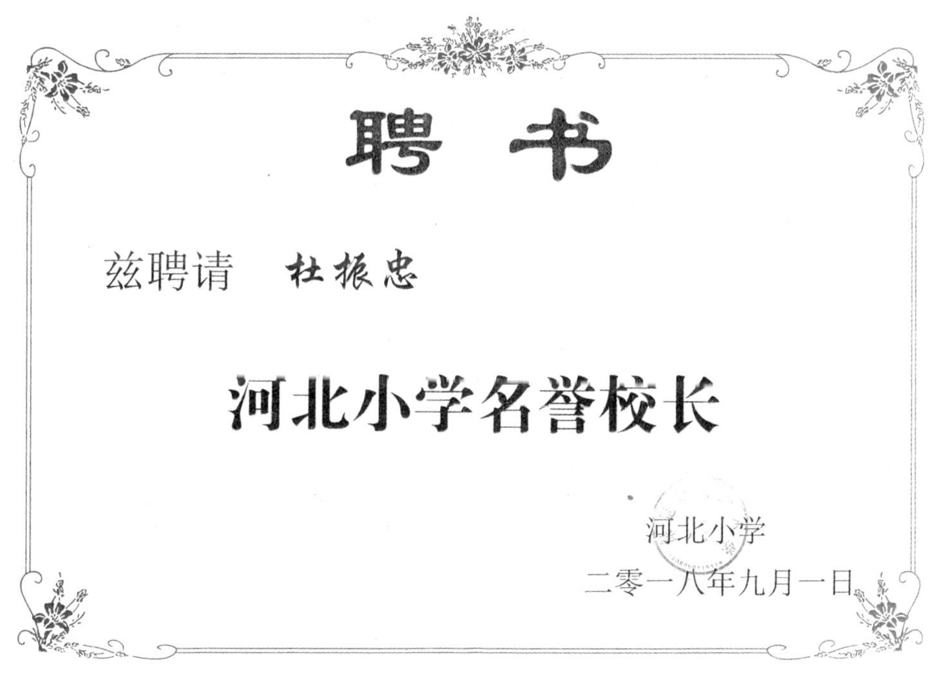
聘书

兹聘请 杜振忠

河北小学名誉校长

河北小学

二零一八年九月一日

聘书

2020 年仲春，杜振忠被保定艺术学校聘为艺术顾问，与他同时被聘为艺术顾问的还有国家京剧院著名青年演员张浩洋，北京河北梆子剧团首席艺术总监、国家一级演员、梅花奖得主王英会，中国评剧团著名青年演员、国家一级演员孙路阳等。能够与这些梨园精英携手培育老调新秀，杜振忠深感荣幸和自豪。

2020年5月20日，64岁的杜振忠被保定艺术学校聘为常务副校长。他沐浴着灿烂的晨光，焕发出崭新的容颜，踏上了新的征程。

退而不休的杜振忠，从保定市直隶老调艺术研究院院长，到保定市河北小学名誉校长，再到保定艺术学校常务副校长，可谓是越战越勇，高歌猛进战旗红！

**（二）组织开展了多场老调戏曲文化进校园、与学生同台演出等系列活动**

从2019年1月19日开始，身为保定市直隶老调艺术研究院院长的杜振忠，遵从上级指示，组织开展了多场“知声腔国粹，爱家乡文化”老调戏曲文化进校园系列活动。每当他站上讲台，都会认真地对学生们讲：“老调戏曲源远流长，有着广泛而深厚的群众基础，涌现出了许多的优秀作品和人才，为保定市的文艺事业发展做出了很大贡献，为保定市赢得了荣誉。老调戏曲是中华传统文化的瑰宝，在传承文化、涵养道德、增强文化自信等方面发挥着特殊作用。老调戏曲文化进校园系列活动，旨在从培养学生对戏曲的兴趣入手，普及戏曲知识，让学生亲近经典剧目，提升审美修养，争做老调文化的传承者、传播者。做好老调戏曲文化进校园工作，是坚定文化自信、弘扬中华优秀传统文化的要求，是我的责任和义务，更是一种使命。”

杜振忠带领老调精英团队先后走进了30多所学校，开展了形式多样且丰富多彩的老调戏曲文化进校园活动。他们的倾情演艺，为师生们奉上了一场又一场美妙绝伦的老调戏曲文化盛宴，让广大师生感受到了老调这一非物质文化遗产的艺术魅力。

老调戏曲文化进校园活动极大地丰富了学生们的校园生活，让学生们在潜移默化中接受了老调文化的熏陶，培养了学生们热爱老调、传承老调的兴趣，提升了学生们的人文素养，在学生幼小的心灵中夯实了老调文化之根基。杜振忠与学生同台演出系列活动也是开展得丰富多彩、有声有色，深受广大师生的欢迎。

2019年1月24日，在“我的中国梦”2019年保定市春节联欢晚会上，杜振忠组织编排了老调《花团锦簇潘杨讼》，并亲自带领河北小学的60多名学生参加演出，获得了观众的一致好评。

保定市戏曲文化进校园保定市莲池区第一实验小学活动现场

杜振忠与河北小学的学生们在 2019 年保定市春节联欢晚会上进行表演

2019年1月25日，杜振忠带领河北小学的学生参加了2019年非物质文化遗产日演出，彩唱了老调代表剧目《潘杨讼》，现场好评如潮。

2019年5月，在由中共河北省委宣传部、河北省教育厅、河北省新闻出版局、河北出版传媒集团有限责任公司、河北省青少年领导小组办公室联合举办的“河北省第七届青少年展演活动”中，杜振忠辅导的河北小学老调戏曲节目荣获三等奖。

2019年5月，杜振忠为河北小学、新市场小学排练的老调戏曲节目参加了六一儿童节的演出，得到了现场观众的高度评价。之后，他又带领学生们参加了众多的社会演出活动，同样受到领导和观众的一致好评。

杜振忠带领保定市新市场小学的学生们参加六一儿童节的演出

2019年7月14日，杜振忠为河北小学排练的戏曲节目远赴张家口康保研学基地进行演出，受到张家口广大观众的交口称赞。

2019年12月，杜振忠为新市场小学排练的老调新唱节目《今天是你的生日》参加了保定市春节校园文化晚会的录制演出，现场好评如潮。

薪旺万代家业隆，火留子孙沐春风。在阳光舒缓、鸟莺欢愉的日子里，花香带着蝴蝶在指尖飞舞，姹紫嫣红的繁花惊艳了校园，杜振忠指导学生们排练，

河北小学的学生们到张家口康保研学基地进行演出
（左为于海洋，中为尹红娜，右为邓梓溪）

带领学生们演出，与学生们同台演唱，做学生们驶向理想彼岸的摆渡人。杜振忠喜欢这样的日子，他用汗水浇灌出的校园之花，常常令他感到骄傲、自豪和沉醉。

**（三）组织开展了“根在雄安”保定老调寻根白洋淀系列活动**

2019 年 2 月 13 日，在保定市悦众集团董事长陈爱军的盛情邀请下，杜振忠组织开展了“根在雄安”保定老调寻根白洋淀系列活动，分别在安新县的白洋淀文化广场、刘李庄镇南冯村、圈头乡文化广场三地举办，盛况空前。

保定老调起源于白洋淀周边的河西调，后经过一代代戏曲艺术家的传承和发展，逐渐形成规模。老调剧目《潘杨讼》《忠烈千秋》曾被拍成彩色戏曲电影艺术片，并在全国放映，当时反响强烈，影响了一代又一代的老调人。

“落其实者思其树，饮其流者怀其源。”正是基于这种理念，保定老调开启了寻根之旅，第一站便是“走进白洋淀”。

杜振忠曾经对我说过这样的话：只有守住白洋淀自身的“根”和“魂”，才能寻求大发展；只有尊重传统文化，才能确立文化自信。

秉承着这样的理念，老调表演艺术家们迎着早春的和风，走进白洋淀，放飞身心，精神抖擞着，筋骨舒活着。历经风雪磨砺的树枝，一改僵硬呆板的冬姿，仪态轻柔，涨满着早春的气息。老调表演艺术家们齐聚白洋淀，同抒梨园情，共筑中国梦，为观众们献上了一场饕餮盛宴。

暖雨晴风初破冻，柳眼梅腮，已觉春心动。在寻根活动的现场，保定市悦众集团董事长、保定市直隶老调艺术研究院法人代表陈爱军兴致勃勃地说：“我与老调结缘是源于小时候观看老调电影和本地老调剧团的演出，对老调一直有着浓厚的感情与兴趣。如今，我正在尽最大的努力支持老调的发展，并推动老调的研究和推陈出新。回顾这些年对老调的支持，一路风雨兼程，为的是让老调能够再次焕发青春活力，再创新的辉煌！”陈爱军对老调的热忱之心，深深感染了前来参加寻根活动的广大观众，现场响起了热烈的掌声。

演出在铿锵悦耳的锣鼓声中拉开序幕，老调名家和艺术家们以其扎实的基本功、质朴激越的唱腔吸引着广大观众，给人一种深沉凝重、威严雄壮的感觉。杜振忠、毛素欣、石艳梅、张春燕、白素格、李玉改、年登攀、陈洪亮等人以饱满的精神状态，激情地演唱了老调的经典名段，现场掌声雷动。

陈洪亮演唱的是《王佐断臂》中的《断臂》一折，讲的是忠肠烈骨，表演气势恢宏，动作神态有张有弛，让人连连拍案叫绝。韩文梅、王会书、王永新、白素格演唱的是《潘杨讼》中的《调寇》选场，他们的表演味儿足调儿亮，自然流畅，举手投足间带有一种浓烈的乡土气息，具有强大的艺术感召力，赢得观众一阵阵的掌声和叫好声。很多观众用手机记录下了这精彩的一刻，观众们啧啧称赞道：“演得太精彩了，太棒了，看老调名家、艺术家们的演唱真享受！真痛快！真过瘾！”

以辛秋花先生为总顾问的老调艺术家们还与当地的干部群众进行了座谈，大家充分肯定了这次老调寻根系列活动的深远意义，畅谈了保定老调戏曲的发展，进一步增强了对老调未来发展的信心。

老调寻根系列活动在现场观众的喝彩声中圆满落幕，杜振忠在接受媒体采访时说："此次寻根活动是表达本土文化自信的一种方式，也是对保定区域内的戏曲文化根源进行的一次探寻和拷问。今后，我会继续不遗余力地组织老调名家们传承老调、推广老调，努力搞好传帮带，为老调的长远发展做出更大的贡献。"

这次"根在雄安"保定老调寻根白洋淀系列活动让老调在雄安这片充满希望的土地上再次焕发出青春活力，为传承雄安文化和老调戏曲文化做出了贡献。

结束了在白洋淀的活动后，老调名家和艺术家们还去了高阳县高庄村，他们不仅为当地百姓们带去了老调戏曲表演，还定点挂牌了 20 多个保定老调传承基地。

多家新闻媒体对此次"根在雄安"保定老调寻根白洋淀系列活动进行了跟踪报道，"保定有戏"栏目组全程录制播出，这些都为老调的传播起到了巨大的推动作用，并进一步提高了老调在社会上的知名度。

**（四）收徒**

根据上级的要求，杜振忠积极落实"师带徒"的国家传承计划。2019 年 7 月 5 日，在诸多嘉宾的见证下，杜振忠在保定艺术学校期末展演上喜收蔡佳衡、韩佳硕两位弟子。

杜振忠收徒仪式现场（左为韩佳硕，中为杜振忠，右为蔡佳衡）

在收徒仪式上，杜振忠箭步上台，他首先对各位嘉宾的到来表示了感谢，随后拜师仪式正式开始。两位弟子敬上拜师茶，送上鲜花，磕头拜师。杜振忠也为两位弟子送上了珍贵的礼物，他希望弟子们能够勤学苦练、海纳百川，吸收各剧种的艺术精华，为传承老调做出自己的贡献。

在杜振忠的悉心指导和大力栽培下，蔡佳衡把《潘杨讼》中的宋王表演得很是到位，唱腔有着浓郁的老调韵味。2019 年 9 月，蔡佳衡以优异的成绩考入了河北省戏曲职业学院。而韩佳硕也是文武兼备，能唱能打，会翻跟头，扮相英俊，嗓音甜润，他把《盘夫》中的小生唱段演唱得非常到位，如今韩佳硕仍在保定艺术学校学习。

写到这里，我突然想起了清代郑燮的《新竹》："新竹高于旧竹枝，全凭老干为扶持。下年再有新生者，十丈龙孙绕凤池。"唯愿杜振忠的这两位弟子如诗中的新竹一样茁壮成长。

**（五）组织参与了"国之瑰宝，振兴老调"首届老调传承艺术节**

2019 年 7 月 25 日，杜振忠组织参与了"国之瑰宝，振兴老调"首届老调传承艺术节白洋淀站活动，来自雄安新区、定州、徐水、高阳、清苑等地的百余名老调戏迷们欢聚在白洋淀文化广场礼堂，兴致勃勃地参加了丰富多彩、别开生面的活动。他们和杜振忠、毛素欣、韩文梅、石艳梅等保定老调名家一起，听老调名家讲课，与专业戏曲老师互动，学习、传承、交流、切磋老调戏曲艺术，活动现场热闹非凡，参与者收获满满。

活动一开始，杜振忠首先讲述了老调的起源和历史。保定老调是河北省具有悠久历史的地方剧种之一，也是保定特有的地方戏曲声腔剧种，迄今已有二三百年的历史。保定老调又称老调梆子，最早是白洋淀周边农村花会时表演的俗曲河西调，清道光、咸丰年间已具备戏曲的雏形。早期老调的行当以生、净为主，而生、净两行又是分行不分腔，同唱老生调，故称老调。大约在 1884 年，以生行演员韩大仓（艺名霸州红）为代表的前辈艺人开创了老调的先声。1918 年左右，著名老生周福才承前启后，立志改革，以《调寇》《劝军》等经典剧目将老调艺术推向了一个新的阶段。新中国成立后，新人辈出，老调艺术无论在表演上还是在声腔上都获得了全新的发展，保定一带成立了高阳、定县（今定州市）、阜平等专业老调剧团。老调剧目《潘杨讼》《忠烈千秋》被拍摄成

首届老调传承艺术节白洋淀站活动现场

电影，并在全国发行放映，之后崔澄田、辛秋花、王贯英等老调艺术家脱颖而出。后来，《日月经天》《拒马令》等一大批优秀老调剧目相继被创作出来，并多次在省内外的演出中获奖，老调逐渐成为河北省特别是冀中一带农村观众最喜爱的戏曲剧种之一，同时保定老调的影响也逐步扩展到了全国。再后来，保定老调曾多次到北京演出，受到了首都人民、中央领导和有关专家的好评。

简要介绍完老调的起源和历史后，杜振忠结合自己的文武小生行当，教唱了《红衣仙子》选段；毛素欣结合自己的青衣行当，教唱了《盘夫》选段；石艳梅结合自己的老旦行当，教唱了《忠烈千秋》中佘太君的经典唱段；韩文梅结合自己的老生行当，教唱了《潘杨讼》中的寇准唱段。

老调名家们除了教唱，还对老调戏曲文化进行了深入浅出地讲解，最后还和戏迷们一起同台演出了老调代表剧目《潘杨讼》《忠烈千秋》中的经典唱段。

老调名家们纷纷表示：他们将不忘初心，牢记使命，竭尽全力传承老调，在今后的日子里，要更加担当作为，踔疾步稳，奋勇前行，不能有任何停一停、歇一歇的懈怠。

《调寇》剧照

《忠烈千秋》剧照

在这次活动中，南冯幼儿园王曼妮和张晨谭两位小朋友的演唱，河北小学邸艺天、刘子赫、张凯博和保定艺术学校蔡佳蘅、韩佳硕的戏曲联唱，都赢得了现场观众的阵阵掌声与喝彩声。这些小演员中年龄最小的只有6岁，表演结束后，他们还激情四溢地在台上齐声高呼："我们热爱老调，我们一定要把老调传承下去！"

王贯英在《忠烈千秋》中饰演寇准

保定戏剧家协会副主席、保定市悦众集团董事长陈爱军在现场说道："此次艺术节是一场老调戏曲的盛会，今后，我们更要攻坚克难，补短板，强弱项，激活力，在传承上下大力气。今年年底，我们还将举行一场老调艺术成果会演，希望每一位演员在学习中都能够取得好成绩，为老调艺术的繁荣发展再创辉煌，并做出最大的努力。"

2019年8月16日，杜振忠组织人员到唐县四城涧村举办了首届保定老调传承艺术节唐县站的演出。8月20日，杜振忠组织人员到阜平县顾家台村举办首届保定老调传承艺术节阜平站演出时，正赶上中央电视台电影频道《星光行动》专题片栏目组也在拍摄节目，于是双方合作完成了演出镜头的拍摄。

"国之瑰宝，振兴老调"首届老调传承艺术节系列活动都是在夏日伏天进行的，汗水湿透衣背的画面成为活动中一道靓丽的风景。写到这里，我突然想起曾在微信的"老调戏曲群"里看见戏迷们发出来的杜振忠辅导戏迷们唱戏的一张照片——他脊背的汗水将月白色的衬衣湿透，衬衣紧紧地贴在了他的背上，这张照片把我感动得鼻子发酸，泪眼蒙眬。

保定市直隶老调艺术研究院秘书长、法人陈爱军讲话

### （六）将保定老调唱响在国际非遗节

2019 年 10 月 17 日至 22 日，杜振忠带领保定老调精英团队参加了由文化和旅游部、四川省人民政府、联合国教科文组织、中国联合国教科文组织全国委员会共同主办的“第七届中国成都·国际非物质文化遗产节”，圆满完成了上级部门布置的表演任务，并受到了嘉奖。

10 月 17 日，第七届国际非物质文化遗产节开幕式在成都国际非遗博览园举行。开幕式演出以“五洲风情荟天府”为主题，来自国内外的 40 余支队伍围绕世界风、中国韵、天府情等 3 个板块，为现场的 3000 余名观众奉献了一场世界级的非遗盛宴，其规模为历届之最。

参加开幕式的中国传统戏剧有京剧、汉剧、老调、川剧四大剧种，保定老调作为传统戏剧代表项目参加了开幕式演出和部分分会场的演出。杜振忠在开幕式上演唱了《红衣仙子》中的经典唱段，获得现场观众的一致好评。

杜振忠参加第七届国际非物质文化遗产节开幕式

开幕式上，文化和旅游部党组书记、部长雒树刚发表了热情洋溢的讲话，他说：本届国际非遗节以“传承多彩文化，创享美好生活”为主题，推动非遗传承，助力脱贫攻坚，营造非遗传承有机融入文化旅游融合发展的新场景，相信本届国际非遗节的举办，必将有力地推动非遗保护传承和文化旅游融合发展。

此次国际非遗节共设立了 1 个主会场和 28 个主题分会场，来自 86 个国家和地区的 1100 余个非遗项目的 5600 余名代表共襄盛会，开展了国际展览、国际论坛、国际竞技、国际展演和互动体验等各类活动 540 余个。此外，来自全球 21 个国家和地区的 64 支演出队伍轮番登场，全方位、多角度地展现了世界非遗的魅力。

国际非遗节期间，杜振忠听从成都市执委会的统一安排，带领保定老调精英团队圆满完成了 10 天的四川省内巡回展演。其中最远的展演地点距成都有 150 多公里，最近的展演地点距成都也有 60 多公里。为了不耽误演出，同时确保演出质量，杜振忠和团队成员每天早晨5点起床，先在宾馆化妆，6点准时出发，并在车上把行头披挂整齐，下了车就登台演出，常常是晚上10点多才能回到成都休息。杜振忠和团队成员没有辜负家乡人民和领导的重托，将保定老调唱响在了国际非遗节上，让世界人民听到了保定老调铿锵悦耳的声腔，为保定增了光、添了彩。活动结束时，成都市执委会还为杜振忠颁发了荣誉证书。

杜振忠参加第七届中国成都国际非物质文化遗产节分会场的演出

**（七）组织参与了2019年度保定老调传承艺术节汇报演出**

2019年12月24日，在保定市剧协副主席、保定市悦众集团董事长、保定市直隶老调艺术研究院法人代表陈爱军的具体安排下，杜振忠在远碧斋水乡鱼宴组织了“保定市直隶老调艺术研究院年终总结会暨老调传承艺术节年终汇报演出”活动，我受陈爱军之邀，欣然前往。

老调是一门综合的舞台艺术，一场成功的演出离不开多方的共同努力。在汇报演出的现场，我看到来自各县区的演员们早早地就化起了妆，每一笔都是他们对老调的热爱，灯光师、音响师也在紧张地准备着，乐师们则在调试着乐器，争取为大家呈现出最完美的现场效果。与此同时，我还看到了辛秋花、杜振忠、石艳梅、张春燕、蒋兴国、毛素欣、韩文梅、王会书、王斗、张会欣、张艳军、耿小军、李玉改、李铁柱、陈金焕、白素格、年登攀等一大批老调艺

保定市直隶老调艺术研究院年终总结会暨老调传承艺术节年终汇报演出合影

术工作者，他们在无私地奉献着各自的力量，帮着演员们化妆、包头、穿戏服、说戏、做辅导，个个忙得满头大汗。杜振忠更是忙得不可开交，只见他一会儿跑上舞台跟主持人和乐队沟通，一会儿又跳下舞台跟每个团体的领队和演员沟通，像陀螺一样转个不停。

在汇报演出的现场，我还看到了来自大马庄、圈头、南冯、采蒲台、阜平、河北小学的6个民间演出团体，他们齐聚远碧斋，激情演出了《金殿定罪》《李渊辞朝》《调寇》等多出老调经典折子戏，可谓好戏连台，为大家带来了一场视听盛宴，赢得了满堂喝彩。

据不完全统计，参加此次活动的共有200余人。保定市艺术团副团长王丽娟主持了本次汇报演出，保定电视台全程录像，并在黄金时段陆续播出，社会反响强烈。

在汇报演出的现场，我看到民间艺人和戏迷票友们个个兴高采烈、神采飞扬，他们在这里看戏、唱戏、飙戏，切磋交流，不亦乐乎。

老调作为保定地方戏，用乡音来诠释文化，用戏曲来丰富生活，票友们从过去的单纯演唱，到今天能够彩妆上场演出，其专业素质和演出技巧都得到了大幅度的提升，显示出保定老调在保定地区深厚的群众基础。

活动中，由杜振忠亲自辅导的来自河北小学的小票友们为大家表演了《潘杨讼》中的选段，他们高亢的唱腔、精致的行头，加上有板有眼的唱功，让我看到了保定老调未来发展的希望。

同时我还了解到，为了本次演出，演员们都付出了很多。来自白洋淀圈头老调剧团的演员们在演出的前一天排练到凌晨 3 点多，而早上 6 点多就到了演出地点，几乎是一夜没睡。还有从 100 多公里外的阜平赶来的演员，以及从几十公里外的雄安新区赶来的演员，他们都是一大早就来到了演出地点，其路途上的艰辛不言而喻。还有河北小学的同学们，他们提前一个半小时就开始准备行头，老调名家们帮他们化妆，同学们都表示要拿出最好的精神状态，为观众献上精彩的表演。为了本次演出，在河北小学校长武文革、副校长尹红娜的带领下，学生们利用课余时间努力练习，只为了舞台上这属于他们的 5 分钟，此时我不禁暗自慨叹——这就是“台上一分钟，台下十年功”最真实的写照啊！在河北小学师生们的身上我看到了老调的未来和非遗的希望，我不禁再一次感叹：国之瑰宝，振兴老调，我们一直在路上！

杜振忠在活动现场做了年终总结，他说：“明年我们要把工作重心放到农村去，让农村的小学生们也能感受到传统文化的魅力，努力让老调这个保定本土剧种深入基层，发扬光大，培养更多的老调爱好者。我们一定要把国家级非遗项目保定老调保护好、传承好，唱好保定戏，做好保定人，为保定争光！”

**（八）积极参加各类演出、指导、评审活动**

2019 年 8 月，杜振忠参加了 2019“京畿胜境，醉美保定”旅发大会系列活动的演出，在满城、高碑店等多地进行了老调戏曲表演，圆满完成了保定市文化广电和旅游局布置的任务，受到领导和观众的称赞。

2019 年 9 月 26 日，杜振忠参与了“我和我的祖国”庆祝中华人民共和国成立 70 周年暨蠡县戏曲协会成立 7 周年戏曲培训，为蠡县的群众带去了专业性极强的戏曲指导，受到蠡县广大戏迷朋友的交口称赞。

2019 年 10 月 13 日，杜振忠参加了河北省第三届（邢台）园林博览会文化活动周的演出，受到邢台观众的一致好评。

杜振忠参加河北省第三届（邢台）园林博览会文化活动周的演出

此外，杜振忠还多次担任各类戏曲赛事的评委，他认真负责、细致入微的点评，使参赛的戏迷票友受益匪浅，成为深受戏迷票友尊崇爱戴的戏曲专家。

在我眼中，杜振忠心中燃烧的梦想之火从未熄灭过，他时常回看自己当年的初心和热情，让“服务”之火不熄，让“奉献”之火不灭，奋力用梦想的火焰去点燃戏迷票友的“希望”之灯，他浑身上下充满着激情和能量，恨不得时刻与时间赛跑，谱写老调新的辉煌。他始终保持着难能可贵的战斗姿态和为人称赞的认认真真做事的习惯，不负光阴，热情不减，在这里，我由衷地为他点赞！

# 二、初出茅庐

小生是传统戏曲的角色之一，指扮演青年男子，按照饰演人物的不同，一般分为娃娃生、穷生、扇子生、袍带小生、翎子生等。小生分文、武两类。文小生里又分为纱帽生、扇子生、翎子生、穷生等，袍带小生也可以叫纱帽小生，一般扮演做官的青年人。这些角色大部分是文人，扮相既不能带杀气，不能粗野，也不能带稚气。纯粹的武小生分两种：一种是穿长靠的武小生，比如《镇潭州》《小商河》中的杨再兴、《磐河战》《借赵云》中的赵云、《银空山》中的高思继、《柴桑关》中的周瑜等；还有一种是短打的武小生，也就是穿短衣裳的武小生。从武打的功夫来看，小生和武生差不多，但是在唱和说白的时候小生用真假嗓结合的方法。在有些功架和造型上，小生与武生也有些相似，比如《石秀探庄》中的石秀、《雅观楼》中的李存孝、《八大锤》中的陆文龙等。

文武小生，顾名思义，就是既能文又能武，无论是文小生还是武小生都能饰演。河北省有关专家曾评价，保定市的老调艺术家杜振忠就是一位功夫全面、文武全才且艺术精湛的文武小生。

### （一）出生在武戏之乡的他，12岁时拜赵廷臣先生为师

1956年10月，杜振忠出生在保定市雄县板家窝乡（今米家务镇）板西村的一个普通农民家庭里。

雄县是老调剧种的发祥地之一，也是武戏之乡。19世纪末，老调剧种在雄县的韩庄村诞生，而杜振忠的家乡板西村也是一个戏曲盛行的乡村。村里有规格较高的戏楼，逢年过节或庙会时都会有天津、保定等地的剧团来这里唱大戏，村民们便会如潮水般涌向戏楼，把戏楼围得里三层外三层，水泄不通。

板家窝人爱看大戏，更有学武戏的传统，提起板家窝的武戏，不仅在保定，

乃至河北都赫赫有名。

板家窝由板东村、板西村、板北村等3个自然村组成，每个村都有教武戏的师傅。板北村有一个教武戏的师傅叫赵廷臣，由于他人品好、武艺高强，很多孩子都拜他为师，跟着他学武戏，杜振忠便是他众多徒弟中的一名佼佼者。

杜振忠小学时就是学校的文艺骨干，他不仅能歌善舞，而且聪明智慧，每当学校有联欢活动，或者村里开全体社员大会、公社大会时，他都是合唱团的领唱，并且还能打拍子当指挥。那时的杜振忠就非常喜欢看戏，他梦想着有一天自己也能在舞台上翻跟头，成为让观众连连叫好的演员，成为受人追捧的名角儿。

为了让梦想变成现实，杜振忠12岁时拜德高望重的赵廷臣为师。自此，他开始用“只要功夫深，铁杵磨成针”“梅花香自苦寒来”等名言警句来鼓励自己、鞭策自己、激励自己。每天放学后，他先完成学校老师布置的作业，之后便去赵廷臣家的练功场练习翻跟头、劈叉、拿大顶、甩腰等基本功。可此时的杜振忠由于年龄较大，筋骨已经开始发硬，因此练习起来要比年龄小的孩子更辛苦。刚开始练习跑虎跳、砸键子时他还能收放自如，可后来练习小翻时他就有点儿扛不住了。小翻要求身子后仰，双手拄地，腰用力向上，连续翻腾。赵廷臣拿根棍子撑在他的后腰上，若腰上不使劲儿，赵廷臣手中的棍子就会硬邦邦地硌在腰上，不一会儿就会皮破血流。练了没几天，杜振忠的后腰已是青一块紫一块，可他仍旧咬牙坚持着。很快，腰部开始流血，然后结痂，又磨破，最后化脓，杜振忠忍着钻心的疼痛继续坚持着。非常疼爱他的奶奶边给他化脓的腰部抹药边掉泪，还给他缝制了厚厚的棉垫子垫在腰上。夜里睡觉时，奶奶把他冻得冰凉、布满冻疮的双脚夹在自己的大腿根处。奶奶的疼爱，给予了杜振忠更加坚不可摧的力量。

那些下腰、踢腿、翻跟头、跑圆场的枯燥功夫，须冬练三九，夏练三伏，其中之苦，局外人难以体察，常人更是难以忍受，这是每一个戏曲成功者必经的艰苦历程，杜振忠以顽强的毅力，一直咬牙坚持着。当父母问他苦不苦、累不累时，他说：“我不怕苦、不怕累，练好了基本功，就能在村里的戏楼登台演大戏，将来成为名角儿，还能到大城市的大舞台唱大戏，多好啊！”

在跟赵廷臣学武戏的两年多时间里，杜振忠凭借顽强的毅力和坚定的信念练就了扎实的基本功，成为众多徒弟中的佼佼者。

1971年，杜振忠以优异的成绩考入了保定地区戏曲学校，之后开始在京剧班、武功班学习。

**（二）在河北省首屈一指的长靠武生张振荣先生的指导下，坚忍不拔地练功练嗓，最终脱颖而出**

在保定地区戏曲学校，杜振忠每天都比其他同学起得早、睡得晚，并且在张振荣的指导下，他抓紧每分每秒练功练嗓，很快便脱颖而出，成为最受老师们喜爱的学员之一。

张振荣武功底子瓷实，厚底、大靠武功十分了得，他不仅是一位舞台功夫非常棒的艺术家，更是一位教戏授徒极为严格的老师，杜振忠就是在这位既严厉又慈祥的老师的教导下，开始了专业正规的武戏训练。

杜振忠肯吃苦，又勤奋好学，经过日复一日的苦练，终于成就了他一身令人眼花缭乱的戏曲基本功。这一身过硬的功夫和矫健敏捷的身姿，为他今后的表演打下了良好的基础。

文戏、武戏都在班里独占鳌头的杜振忠深受老师们的器重，于是安排他出演了现代京剧《沙家浜》第八、第九、第十场中的郭建光一角。

现代京剧《沙家浜》的第一场和第二场以文戏为主，为了给更多的学生提供舞台实践的机会，老师们安排了一个文戏见长的同学饰演郭建光。第五场时，又安排了另一个同学饰演郭建光。而第八、第九、第十这3场戏既有文戏又有武戏，老师们经过深思熟虑之后，一致认为杜振忠非常适合扮演文武兼备的郭建光。一是他嗓音好，能唱；二是他有武功功底，他是武生开蒙，打小便练就了一身本事；三是他性格开朗、率直，眉宇间洋溢着青春朝气和活力，扮相一定很俊朗。于是最终决定让文武双全的杜振忠来饰演郭建光一角。一副沉甸甸的担子，就这样落在了15岁的杜振忠肩上。

当年，几乎所有的中国人都知道现代京剧《沙家浜》。如今，尽管距离这部戏最红火的年代已过去了50多年，但仍有很多人对剧中的新四军指导员郭建光一角记忆犹新，和《智取威虎山》中的杨子荣、《红灯记》中的李玉和一样，这些人物成了那个时代人们的集体记忆。

现代京剧电影《沙家浜》中郭建光的扮演者是京剧谭派第五代传人，名叫谭元寿。能扮演谭元寿先生早已演绎成功的角色，杜振忠感到无上荣光、无比自豪。

既兴奋又激动的杜振忠，心怀对老师们的感激之情，立即投入了紧张有序的排练。每天天不亮，他就摸黑穿衣下床，到排练室练习旋子、扫腿、飞脚等动作。有一次，杜振忠在练功时不慎膝盖半月板严重损伤，疼得他连平常下蹲的动作都无法完成，而他一边扎针、输液、做治疗，一边强忍着剧烈的疼痛继续练功，以至于如今留下了后遗症，只要他身体一疲劳，膝盖就会隐隐作痛。

早晨练完基本功后，杜振忠就会到戏校对面的古莲花池去喊嗓，一直喊到7点半才回戏校吃早饭。吃过早饭后，他开始听广播、上文化课，之后继续练习扫腿、旋子等动作。晚上还要练习戏里郭建光的唱段、身段和武戏，一直要练到深夜。

其实，杜振忠接演郭建光一角压力很大，他觉得前面的谭元寿先生已经塑造出了非常完美的郭建光舞台形象，担心自己演不好让观众失望。在此期间，张振荣给了他很大的支持与鼓励，不仅非常严厉地对他的每一个动作和唱段都一一进行指正，还经常给他提意见、找不足。张振荣的双眼总是紧紧地盯着他，哪怕是一个眼神或一个走位不对，张振荣都会细心地对他进行指导。张振荣经常对他说："别人在前面做动作时，你也不能断戏，现代戏中的演员要时刻在戏里。"

为了演好郭建光这个角色，杜振忠反复观看了现代京剧电影《沙家浜》，他以电影中郭建光的扮演者谭元寿先生为目标，认真学习谭元寿先生的眼神、表情、动作和唱腔。在排练室，杜振忠每天都是挥汗如雨，他决心将最好的状态呈献给观众，决不能以次充好、糊弄观众。

**（三）誉满保定**

杜振忠的汗水没有白流，初出茅庐的他凭借郭建光这一角色得到了广大观众的认可与好评，成为古城保定戏曲界的一名新秀。

在戏校领导和老师们的带领下，杜振忠和戏校的同学们先是到保定军分区礼堂慰问了保定军分区的指战员。之后又马不停蹄地来到保定地区运输公司礼堂，慰问了全体交通战线上的职工。众人稍作休整后，又来到位于太行山腹地的涞源钢铁厂，为钢铁厂的全体干部职工带去了精彩的演出。后来，杜振忠等人应邀到钢铁厂周边的浮图峪等地为当地百姓演出，所到之处，喝彩声此起彼伏，掌声经久不息。

此时的杜振忠雄姿英发，每当他在舞台上亮相，都能获得满堂彩。他饰演的郭建光英俊挺拔、光芒四射，浑身散发着勃勃朝气和凛然正气。

杜振忠在《沙家浜》第八场中的表现尤为出色。他饰演的郭建光文戏、武戏珠联璧合、相得益彰，带领突击排的8名战士边唱边舞，凸显了唱腔和功架的双重优势，无论是扫腿还是旋子，都令观众拍手叫绝。

当杜振忠在幕后唱完“月照征途风送爽”这一句，上台亮相时，台下顿时掌声一片。当他唱完“此一去（呀）”这几个字的高八度声腔时，台下顿时掌声如雷。当时就有行家说：杜振忠演唱的“此一去（呀）”，能与京剧《四郎探母》中杨四郎唱的“叫小番”相媲美。

浓眉大眼、英姿勃勃的杜振忠豪情万丈地边唱边舞，极大地鼓舞了突击排战士的斗志，那种慷慨激昂、高亢宏达、气势磅礴的旋律，那种豪迈铿锵、气冲霄汉的唱腔，让观众们感到无比振奋。杜振忠演绎的郭建光镇定自若、坚毅顽强、横戈跃马，不惧风雨起波澜，对革命的前途充满必胜的信心。他的肢体语言和唱腔充分反映了主人公高昂的革命英雄主义和革命乐观主义精神，不论怎样的艰难曲折都不能动摇他的革命意志。一个共产党人在艰苦卓绝的对敌斗争中的慷慨高歌，映照出了他对无产阶级革命事业忠贞不贰的革命灵魂。

戏校的领导和老师们对杜振忠在《沙家浜》第八场中的表现也是赞不绝口，称赞他的唱腔高亢清健，韵味醇厚，扮相俊秀，台风纯正，是个好苗子。

在《沙家浜》第九场中，杜振忠饰演的郭建光依旧是文武结合，一招一式，中规中矩，武打精彩，表演生动，无论是惊险动作前弓后箭，还是高难动作台蛮下高，都牢牢地吸引住了观众们的眼球。

剧中杜振忠所做的前弓后箭、台蛮下高等一系列动作，难度非常大，且都是绝活儿。当时就有行家说：能做好这样绝活儿的人，肯定具有深厚的武功功底，杜振忠这个年纪就能做出来，真是极为难得。

在《沙家浜》第十场中，杜振忠饰演的郭建光更是让观众叫好连天。那些令人目不暇接的跟头，像燕子一样凌空飞舞；那些跟敌人打斗的场景，更是令人眼花缭乱。只见杜振忠左右开弓，不停地用手枪击毙敌人，使得观众席上的掌声和喝彩声一浪高过一浪，经久不息。当时就有行家说：杜振忠的嗓音高亢洪亮，韵味清醇，悠扬自如，扮相清秀，台风潇洒，且文武兼备，颇具大家气度，是个很有前途的文武小生。

杜振忠以其过硬的功夫和出色的表演，成功演绎了郭建光这一角色，在保定地区产生了强烈的反响，自此名声大振，誉满保定。

巡演结束后，杜振忠被分配到了保定地区文工团京剧队（今保定老调剧团），成了一名专业戏曲演员。自此，杜振忠开始谱写他戏曲人生的崭新篇章。

**（四）矢志不渝**

正当杜振忠的戏曲事业突飞猛进、蒸蒸日上时，他的嗓子却开始倒仓，导致他的高音唱不上去了，杜振忠突然从声名显赫的《沙家浜》男主角，变成了保定地区文工团京剧队的小角色演员。可巨大的落差并没有让他黯然神伤，也没有动摇他的意志，更没能影响他想要当名角儿的志向。在他的生活中，太阳照常升起，世界如常，末日并未来临。在他的精神世界里，他的信念依然是“秀色苍穹铺满天，不惧风雨起波澜。待到春暖花开时，莺歌燕舞锣鼓喧”。因为他知道，真正的勇敢不是从不害怕，而是明知有困难后，仍旧选择继续前行。

杜振忠经常在心里说：格局决定舞台，定位决定方向，永远别看轻自己，因为不到最后，你永远不知道自己有多优秀。当努力使自己变得比现在更好的时候，周围的一切也会变得更好！

于是，杜振忠每天都会想方设法地给自己一些仪式感，去发现、去制造一些浪漫的小事。他还会每天都给自己一个开心的理由，把诗和远方请进自己的生命，他经常勉励自己说：今天要过得比昨天好，明天要过得比今天好！

杜振忠觉得，任何事情，坚持了就是神话，放弃了就是笑话，只要坚持，就一定能遇到更好的自己！

于是，他坚持不懈！

于是，他奋力奔跑！

于是，他勇敢无畏！

于是，他一直向前！

**（五）把各种小角色演得活灵活现**

1973年，保定地区文工团京剧队恢复老调后，杜振忠先后在老调《平原作战》《小刀会》《红灯照》等剧目中饰演群众、男兵等角色。

他在《磐石湾》中饰演阿团，跟饰演奶奶的王贯英先生配戏。虽然只是个小角色，但他演得非常棒，扮相英俊，道白做戏耍枪花，文武功夫都很好，所有的跟头都能翻，小翻儿一口气可以翻二三十个，串前坡、串扔人、蛮子、折腰、串蛮子、串聂子等动作也都做得很出色，受到王贯英先生的表扬和广大观众的交口称赞。在获得观众掌声的同时，他还跟王贯英先生学到了很多表演技巧和良好的台风，可谓收获颇多。

1975年，杜振忠参加了在保定红星剧场举办的欢迎爱国将领商震的大型戏曲舞蹈——《飞夺泸定桥》。演出时，他手持小号翻折腰下场，受到了业内人士的一致赞赏。

1976年，杜振忠参加了老调现代戏《月亮湾》的演出，虽然只是饰演了一个群众，可仍旧很引人注目。

1977年，杜振忠随保定地区慰问团赴石家庄、衡水慰问，演出了新编历史剧《小刀会》，他在剧中饰演一个大兵，翻跟头、武打都很出众。

1978年，老调剧团恢复演出《潘杨讼》，杜振忠在剧中饰演了报子班头一角。演出时，他的跟头翻得非常利落，整体表现很突出，因此获得了老调剧团颁发的荣誉证书。后来，他还随老调剧团演出了现代戏《婚事》，在剧中也是饰演配角。

杜振忠总是认认真真地去演好每一个小角色，并且努力地与其他演员进行默契的配合，他的不俗表现受到业内人士的一致好评。

**（六）"偷戏"**

在演好小角色的同时，杜振忠始终把目光牢牢地锁定在主角儿身上。主角儿演戏时，他就在一旁认认真真地"偷戏"，把主角儿的念白、唱腔、动作、身段、表情等全部牢记在心，然后默默地在心里学唱，悄悄地在一旁做动作，还对着镜子反复练习身段。可以说在跑龙套的漫长岁月里，杜振忠从没放弃过任何一次向主角儿学习的机会，他每时每刻都在用主角儿的标准严格要求自己、磨炼自己。

那时的老调剧团没有练功场，杜振忠便经常利用演出的空闲时间到两三公里外的保定畜牧场的草场去练功。每次练功回来，他的脸上、嘴里、鼻子里，浑身上下全是泥土和草末儿。那时的老调剧团也没有浴室，他就在水龙头下“冲澡”。

直到现在，杜振忠还保存着一张自己年轻时练功的黑白照片。草地上，他身着短裤，光着膀子，双腿像弹簧，头朝下凌空翻跃，动作惊险，难度极大，技术高超的摄影师将他不惧艰险刻苦练功的青春风采永恒地定格在了这一瞬间。

杜振忠年轻时的练功照片

杜振忠刻苦练功，逐渐使自己成了一位全方位优秀的武戏人才。他的身段功走得稳健大方、潇洒自如；各种花样的毯子功他应有尽有；他的把子功手头利索、脚步不乱；小翻、串前坡、串扔人、蛮子、折腰、串蛮子、前坡下蛋等各种跟头他不但都会翻，而且翻得不同凡响。

那时的老调剧团经常到山区演出，早晨起来和晚上散戏后，杜振忠都会抓紧时间到野外吊嗓子，面对着青山绿水，呼吸着清新空气，他信心百倍，一唱就是一两个小时。他永不言败的执着精神，能让山河生色，天地生辉。

长期努力地“偷戏”，不仅使杜振忠学会了《平原作战》中男主角赵永刚的主要唱段、《磐石湾》中男主角陆长海的主要唱段、《小刀会》中男主角的主要唱段，还学会了《红灯照》《月亮湾》《婚事》等剧中男主角的主要唱段。他经常独自一人把这些唱段唱给天空听、唱给大地听、唱给山川听、唱给大海听、唱给小溪听、唱给湖泊听。树叶为他的唱腔鼓掌，小鸟为他的唱腔点赞，风儿吹干他被汗水濡湿的衣裤，霞光为他披上了锦绣霓裳。

红雨随心翻作浪，青山着意化为桥。

在倒仓的岁月里，杜振忠始终把目光牢牢地锁定在主角儿上，他不仅暗自学到了真本事，还练好了真功夫。“偷戏”的经历不仅成就了他功架、表演、唱腔、武打、翎子功等技巧集于一身的表演才能，更夯实了他后来成为老调名家的根基。

# 三、精“艺”求精

## （一）主演《三凤求凰》

1979 年 4 月，杜振忠的倒仓终于结束了，他又恢复了高亢、清亮的嗓音。作为老调剧团的优秀青年演员，杜振忠被调到了老调剧团学员队演出团，与毛素欣共同主演了《三凤求凰》。他在剧中饰演的是小生徐文秀，毛素欣饰演的是女主角蔡兰英，杜振忠在剧中的表演受到了业内人士的高度赞扬。

《三凤求凰》这个故事情节曲折、节奏紧凑，杜振忠在剧中的演唱引人入胜，在人物刻画方面含而不露、丰满立体，留给了观众无限的想象空间。

杜振忠饰演的徐文秀一出场，那份潇洒倜傥，那份对纯真爱情的狂追不舍，深深地吸引住了观众们的眼球。

一路追船来扬州，
走街串巷把淑女逑。
用目四寻尚书府，
不见金钗不回头！

杜振忠的这段唱腔娓娓铺陈出徐文秀大胆勇敢地追求爱情，不辞辛苦、紧追不舍的态度和决心，自然朴实中透着清澈，细致坦荡中彰显出开阔舒朗的气息。他表达出的“惜时惜缘”的精神指向，浸润、抚慰、滋养着我的灵魂，让我感到很熨帖。

当徐文秀在尚书府门前遇到招聘书童的老家院，老家院欲让他进府当书童时，身为解元的他，顿时喜出望外，喜笑颜开。

听他言来心喜欢，
天赐良机莫迟延。
到此时哪顾身贵贱，
趁机进府面见红颜！

杜振忠的这 4 句唱，把身为解元的徐文秀为了能够尽快见到心仪女子的迫切展示得恰到好处，同时还彰显出他鲜明的质地、不凡的聪明才智和轻松自如的应对能力。

杜振忠在剧中演唱的“伺候好大相公离开前庭”一段，很受观众的欢迎，后来这一段在戏迷票友们间广为传唱。

伺候好大相公离开前庭，
随箫声花园来寻吹箫人。
花园里桃李含笑斗春风，
杨柳折腰将我迎。
花园美景无心看，
盼见佳人红颜容。
百花丛中凝目望，
花园空冷我心如冰。
但只见花亭雅静花卉影，
却不见相思之人婵娟容。

杜振忠演唱这一段时边跑圆场，边焦急地四下张望，把寻不见蔡兰英的那种失落、颓唐、茫然、苍凉表达得淋漓尽致。他将传统文化中“天人合一”的精神，以诗意盎然的形式融入寻找心仪姑娘的情境里，从他看到的一草一木、一花一叶、一杨一柳里，点点滴滴，丝丝缕缕，都渗透涵养着生活的肌理，把握着寻爱过程中行云流水的细节。尤其是他以流畅通俗的语言，准确地说出了自己的精微感受，更让我感受到了一个老调小生演员的深厚功力。

杜振忠饰演的徐文秀与毛素欣饰演的蔡兰英，二人在绣楼对唱的“金山寺上见佳容”一段，更是脍炙人口。那份情深深、意切切，还有跪地对天盟誓的忠贞不贰，感人肺腑。

徐文秀：（唱）金山寺上见佳容，
珠光辉泽丽冠群。
频频箫律醉我心，
梦寐思恋淑女情。
蔡兰英：（唱）月夜观君抚瑶琴，
两耳识闻君琴声。
琴声拨动奴心弦，
更思君颜和痴情。
（白）公子啊。
（唱）为何孤身赴扬州，
为何进府当书童。
徐文秀：（唱）自见小姐苦相思，
废寝忘食憔悴容。
当书童我把蔡府进，
为瞻小姐玉质容。
蔡兰英：（唱）你进府当差苦受尽。
徐文秀：（唱）为小姐饱受苦辛心也宁。
蔡兰英：（唱）金山相遇欲何往？
徐文秀：（唱）进京赶考求功名。
冒昧前来求相爱，
望小姐莫负一片情。
蔡兰英：（唱）君且莫负我心意，
赠一金钗表衷情。
徐文秀：（唱）金钗一支握手中，
小姐嘱语刻骨铭。
（白）来来来。

（唱）你我携手对天地，
山盟海誓心相倾，
海枯石烂心不变。
蔡兰英：（唱）犹如松柏万年青。
徐文秀：（唱）生死与共相依为命，
白头偕老共伴——
徐文秀、蔡兰英：（唱）共伴终生！

这是《三凤求凰》这部剧中的核心唱段，杜振忠和毛素欣的表演珠联璧合、相互映照、相互衬托，把“一见钟情并私订终身”的桥段演绎得淋漓尽致，得到业内人士的一致好评。

在这段对唱里，我看到了杜振忠饰演的徐文秀思想成熟、内心安宁且干净通透，还看到了明心见性的内在风姿，他不是来自抽象的虚无之境，而是根植于生活的内在之中。为了能够见到蔡兰英，徐文秀放下身段，假扮书童，进府当差，伺候大少爷，挨打受气，这些情节混合着大自然的泥土味道，混合着世俗生活的杂质属性，以及生活阅历的丰富经验。这些情节足够生成一种真正的生活元气，而杜振忠被这种生活元气滋养后，才有能力真正创造自我，呈现性情，蓬勃的生命力才会被诚恳地体现出来。

可以说，杜振忠是一位老调舞台的勤奋耕耘者，是一位扎扎实实的舞台艺术追求者，他处事低调，做人厚道，在高手如云、竞争激烈的艺术圈子里，他不争不抢、不图功利，潜心钻研艺术，认真做戏，认真演戏，以超强的艺术魅力折服了圈内外的很多人，逐渐成为老调剧团学员队演出团中的佼佼者。

**（二）《三请樊梨花》成为他老调事业的第一座里程碑**

1979 年春夏之交，草绿风清，作为优秀青年演员的杜振忠和毛素欣一同被著名京剧表演艺术家李万春的弟子关鸣林先生选中，排演《三请樊梨花》，杜振忠饰演男主角薛丁山，毛素欣饰演女主角樊梨花。当时关鸣林先生的美好心愿是多给青年演员机会，多把他们推到台前，这样才能起到好的锻炼效果，才能为老调培养更多年轻的优秀人才。

这样的好事落到了杜振忠的头上，令他那原本就恣意奔波的青春血液越发具有了盛夏的热情，实乃"初夏端阳众芳尽，一花独放留馨醇。狂风暴雨不凋谢，只待等候赏花人"。

杜振忠在接受了《三请樊梨花》的演出任务后，便开始心无旁骛地每天认真研读剧本，仔细分析角色，全身心投入排练。一个眼神、一句念白、一个细节他都反复琢磨，每个唱腔、步法、手势、身段他都反复推敲，力求舞台呈现更加完美。他想把薛丁山这个角色演好、演活，想用出神入化的形象塑造回报领导、回报社会、回报老师。

由于杜振忠在分析角色时做足了功课，因此他饰演的薛丁山细腻传神、层次分明，并且还有很强的立体感。同时，杜振忠的起霸有所创新，非常别致，受到业内人士的广泛好评。

《三请樊梨花》这出戏对演员有着极高的要求，因此关鸣林先生不仅亲自指导杜振忠和毛素欣，而且要求极其严格。为了排练好这出戏，尤其是樊梨花小快枪 3 次把薛丁山打下马来这场戏，关鸣林先生要求演员必须下苦功夫练习。于是，杜振忠和毛素欣二人天天穿着大靠，利用午休时间在大院的油漆路上练习对打。6 月，油漆路被晒得滚烫，两人大汗淋漓，但仍坚持练习。中午在食堂吃完饭，二人把餐桌和椅子往旁边一挪，腾出空地来就练习对打。在关鸣林先生的严格要求下，杜振忠和毛素欣不仅出色地完成了排练任务，还打下了坚实的武功基础。

杜振忠饰演的薛丁山与毛素欣饰演的樊梨花首次会面的那场戏，两人边唱边舞，边打边念白，白杆长枪对上绣绒梨花刀，你来我往，心领神会，动作流畅优美，舞台表现让人恍如置身战场。这段初次见面便文武兼施的戏，杜振忠拿捏得当、张弛有度，尤其将家国情怀表达得十分准确，他唱得字正腔圆，舞得漂亮帅气，念白抑扬顿挫，打得激烈有力。自古巾帼爱英雄，樊梨花也不例外，两人一见面便互有好感，彼此都有仰慕之情和敬畏之心。因此，两人对唱起来是那样和谐顺畅、情意满满。

樊梨花：（唱）曾闻得唐营薛丁山勇猛盖世。

薛丁山：（唱）曾闻得寒江樊梨花武艺超群。

樊梨花：（唱）只可惜行事忒鲁莽。

薛丁山：（唱）只可惜明珠暗无光。

樊梨花：（唱）明说劝降却动枪。

薛丁山：（唱）明说愿降却动枪。

这段对唱两人一边互相打量，一边互相揣测，那种边舞边唱营造出的氛围非常美好，引人入胜。

接下来的对唱展示出了薛丁山保家卫国的男儿情怀，以及樊梨花小女子的柔肠和情态。

薛丁山：（唱）你父兄当年降番邦，
叛国大罪有一桩。
今日若你献寒江，
既往不咎按功行赏。

樊梨花：（唱）听罢忠言暗思量，
梨花此心早归唐。
多蒙他苦口婆心劝归降，
理该谢他好心肠。

身披白色战袍、白色大靠的杜振忠成为观众眼中的白马王子，他那英俊帅气的容貌，加上表演的张弛有度，得到了众多观众的喜爱，其精彩的表现使他跻身当红小生之列。

排练《三请樊梨花》这出戏，为杜振忠之后老调事业的大发展奠定了坚实的基础，成为他老调事业的第一座里程碑。

**（三）参演电影艺术片《忠烈千秋》**

1980 年，西安电影制片厂在筹拍老调戏曲电影艺术片《忠烈千秋》时，导演一眼看中了在《三请樊梨花》中有出色表现的杜振忠和毛素欣，于是决定让他俩来搭档出演，杜振忠在剧中饰演杨文广，毛素欣饰演杨金花。

当时 24 岁的杜振忠朝气蓬勃，他在接受了演出任务后，马上开始翻阅资料，仔细分析杨文广这个人物。他知道，要想演好杨文广，必须增加自己的知

《忠烈千秋》剧照（左为辛秋花，中为毛素欣，右为杜振忠）

识储备，必须更多地了解杨文广这个人物，只有这样才能把人物演活，才能使人物的形象更加丰满，且有立体感。

在充分掌握了杨文广这个历史人物的所有资料后，杜振忠有了底气，也找到了表演的基准点。之后通过对资料的梳理，以及消化和重建，杜振忠信心满满地投入了电影《忠烈千秋》的拍摄之中。

在电影《忠烈千秋》的第三场中，杜振忠饰演的杨文广戏份儿较重。这场戏是在天波府后花园拍摄的，月光下，炯目朗朗、两鬓飞霜的佘太君敦促、指导杨文广、杨金花兄妹练武，营造出“老骥伏枥志犹胜，丹心如水迎月光”的意境。

在这样的意境中，杨文广开始念白：“太祖母，你说的孙儿我都明白，这叫知己知彼，百战不殆。不知己不知彼，等于盲人骑瞎马，胡走乱闯，准吃败仗。太祖母，你说孙儿我答得怎么样，可算帅才?”

这段念白准确地表现出了杨文广天真无邪、心直口快、纯净开朗的少年特征，稚嫩中透着聪明乖巧，给我留下了难以磨灭的印象。

佘太君对杨文广说："答得虽对，但既不算帅才，也不成将才。"

杨文广听后不解地问："怎么?"

佘太君答道："你犯了军家大忌。"

杨文广立即向佘太君虚心讨教："哪一大忌?"

佘太君答道："骄兵必败呀!"

这段戏中，杜振忠的眼神、表情和语气都很到位，充分体现出了少年杨文广尊重老一辈，能够踏踏实实地向老一辈学习的务实、勤勉作风。这段表演令我肃然起敬。

杨金花此时接过佘太君的话茬儿说道："是啊，骄兵必败，败则气馁，士气不振，必然溃不成军哪!"

杨文广听了，先是白了妹妹一眼，接着不服气地对妹妹说道："叫你这么说，我什么都不行呗? 我就看不出，你一个女的，还能胜过男子汉?"

杨金花自豪地说："哼，咱娘就比咱爹强!"

杨文广有些高傲地说道："我看不见得，要不咱俩较量较量!"

这段戏中，杜振忠的念、做都很接地气，充分表现出了杨文广与妹妹杨金花的关系非常和睦融洽，以致心无芥蒂、口无遮拦，同时还展示出了杨文广年轻气盛、争强好胜、永不服输的性格特征。

这时，佘太君唱道："文广出言太狂妄，强词夺理不应当。尔等学习要奋勉，不容半点虚夸张。"

杨文广听了佘太君的教训，赶忙承认自己言辞不佳，表示今后一定要谨遵太祖母的教诲。杜振忠唱的"刚才孙儿多莽撞"这句拨子腔，耐人寻味，充分展现出了少年杨文广体贴太祖母、感恩太祖母、对太祖母唯命是从的乖小伙儿形象。

这时，杨文广问佘太君："太祖母，我家爹娘远征西夏，他们打仗向来都是知己知彼，从不轻敌的，可这次……"

这段戏中，杜振忠饰演的杨文广把一个"孝"字表达得很具体。杨文广在京城和妹妹杨金花一起陪着太祖母佘太君享受着天伦之乐，可爹娘却在西夏苦苦征战，且旷日持久，不见凯旋。想起爹娘的金戈铁马、日夜鏖战、血洒疆场，杨文广不禁心急如焚，抑制不住地深切思念，让他忍不住向祖母提问。杜振忠表演出来的表情和语气很符合杨文广当时的心态，每当我看到这里都深受感动。

佘太君说道："你们的爹娘虽有文韬武略，久经疆场，唯独不能解除这后顾之忧啊！"

杨文广和杨金花异口同声地说道："我杨家为大宋江山死了那么多人，难道皇上还不信任吗？"这几句念白体现出他们二人的单纯率真、涉世不深。

佘太君说道："此乃谗臣佞党之过！你们的爹娘远征西夏，兵微粮欠，后继无势，可叹他们是巧妇也难为这无米之炊呀！"

杨文广和杨金花又异口同声地说道："那何不锄掉奸党，我兄妹二人带兵运粮接应二老呢？"这几句念白再次准确地表现出他们二人尚不成熟、勇有余而谋不足的一面。

佘太君说道："休得多言，练好武艺，报国有期，我大宋江山决不让内奸外患所扰！文广、金花，速速演武上来！"

杨文广和杨金花遵命演武，兄妹二人枪对剑开打之前，杨文广还对杨金花打趣说道："我说妹妹，哥哥的枪法可是跟咱爹学的，你可小心着点儿。"

这段戏体现出少年杨文广开朗、风趣的一面，在崇拜爹爹好枪法的同时，还把疼爱妹妹的温暖情怀展示得淋漓尽致。每当看到此处，我的心都会被那种温暖所融化。

而杨金花也是毫不示弱，她绵里藏针地说道："哥哥，妹妹的剑法可是咱娘教的呀！"言外之意是，哥哥你更要小心谨慎地接招才是。

紧接着，兄妹二人开打，打得很精彩、很激烈，正如佘太君唱的那样：

观孙儿剑对枪各不相让，
剑光寒月影闪匹敌相当。
喜杨家立新人后继有望，
愿孙儿一代更比一代强。
我这里与他们再做指点，
临阵要巧变换莫守陈章。

接下来兄妹二人边唱边打的桥段更是引人入胜、美不胜收。每当看到这里，我都会情不自禁地叫好鼓掌。

杨金花：（唱）我这里虚晃一剑分心刺。

杨文广：（唱）我这里鹞子翻身刺顶梁。

杨金花：（唱）给他个故露破绽诱敌进。

杨文广：（唱）还她个虚进实转背后枪。

杨金花：（唱）分身剑。

杨文广：（唱）暗扫堂。

杨金花：（唱）哥哥果然枪法强。

杨文广：（唱）妹妹果然剑法强。

杜振忠在《忠烈千秋》中饰演杨文广

兄妹二人的这段紧打慢唱，唱得心花怒放；兄妹二人的枪剑武打，更是打得气宇轩昂，充分体现出兄妹二人的机智灵活、武艺高强、战术巧变换、不守陈章，同时还展示出兄妹二人互为衬托、相互欣赏、共同进步的精神风貌。

杜振忠在这一场戏中的表演那真的是念白抑扬含顿挫、字正腔圆韵味香、唱腔高亢透激昂。

这部电影拍摄了 3 个多月，在这段紧张有序的时光里，青年时代的杜振忠收获颇多，积累了很多表演经验。当拍摄他的戏份儿时，他总是认认真真、一丝不苟。当没有他的戏份儿时，他就在一旁聚精会神地看其他人拍戏。他抓住每一个学习的机会，虚心向辛秋花等经验丰富的老师们请教，他尊重导演、尊重剧组领导、尊重同事，对所有工作都是毫无怨言地听从安排，有时他化好了妆，整整等了一夜也没轮到他拍摄，他从没有任何的抱怨，而是继续耐心等待。就这样，他认真坚守了 3 个多月，且没有出半点儿差错。

《忠烈千秋》这部电影在全国上映后，在社会上引起了强烈反响，尤其是很多青少年戏迷看了电影后，纷纷找到杜振忠，表示想要跟着他学唱戏、学武艺。杜振忠来者不拒，把自己的绝活儿毫无保留地教授给他们，使他们成了民间老调戏迷群体的骨干力量。这些骨干力量至今仍然活跃在保定的街头巷尾，他们乐此不疲地为广大民众奉献着精神食粮。

《忠烈千秋》的全体剧组人员与西安电影制片厂的工作人员合影

**（四）在《潘杨讼》中饰演杨六郎**

拍摄完电影《忠烈千秋》后，杜振忠从西安回到保定，稍事休整，便随老调剧团到天津演出了《潘杨讼》，他在剧中饰演青年时代的杨六郎（杨延昭）。

由于当时的天津高温酷暑，演职人员随时都有中暑的危险，剧团领导以安全为重，带团一路辗转，最终选择在任丘落脚。开始售票后，任丘的观众非常热情，第一天就卖出去了半个月的票，并且一度出现了一票难求的情况。就这

《潘杨讼》剧照

样，老调剧团在任丘热热闹闹地唱了一个多月，之后才返回保定进行短期休整。

杜振忠在《潘杨讼》中饰演的杨六郎深受任丘观众的喜爱，不仅是因为他颜值高，扮相英俊潇洒，更在于他塑造的人物形象丰满。

《潘杨讼》的剧情编排巧妙动人，老调特色浓郁，剧目囊括了戏曲各个行当的唱、念、做、打等多种戏曲艺术技巧。杜振忠饰演的杨六郎在第一场戏中一出场，便吸引住了观众们的眼球。只见他身穿白素剑衣，腰系黑大带，头上包黑头网子，黑发绺，额头勒白绸子，脚蹬黑厚底靴，单膝跪地，泪如泉涌，向皇上声声哭诉潘洪设毒计残害杨门的卑劣行径，满腔悲愤的唱腔，形象逼真的表演，不仅感动了现场观众，还得到了现场观众的啧啧称赞。

奉王命御外患兵发在边庭，
潘洪贼设圈套苦害杨门。

他差遣臣的父去把兵调，
又鸣金升大帐再次点兵。
因此上臣的父迟误三卯，
狗奸贼传将令就问斩刑。

杜振忠的这段演唱声情并茂，嗓音颇具磁性，穿透力极强，观众们无不被他的演唱魅力所感染。他渲染出的凄云惨雾笼罩着整个舞台，不禁让人想起“问君能有几多愁，恰似一江春水向东流”的情境。

多亏了众将军把情来讲，
重打了四十棍黎明出征。
杀一阵胜一阵辽兵丧胆，
潘洪贼闭关门不准歇兵。
无奈何我父子重把敌阵闯，
寡不敌众被围在两狼山中。

杜振忠的这段演唱表达出了心情极其悲凉的杨六郎满含的悲苦和悲愤，唱得是那样凄切苍凉，令青年观众泪花闪烁，使老年观众老泪纵横。

在两狼直困得粮绝草尽，
也不见三关上发来救兵。
臣的父差七弟回营求救，
可恨那潘仁美他，
他……他……又起歹心。
用药酒灌七弟滚鞍落马，
绑在了百尺杆乱放雕翎。
可怜他身中一百零三箭，
抛至在黑水河顺水飘零。

杜振忠的这段演唱极为动情，深深地打动了现场的观众，台下顿时鸦雀无声，观众们与他同悲同泣，甚至泪流满面。

臣的父两狼山盼子不到，
摘金盔李陵碑碰头丧生。

杜振忠唱到这里，艺术的力量穿透了血与火的战场和潘洪贼的奸诈邪恶，所表达出的那份悲痛欲绝的精神内核迸裂出无穷的艺术魅力，深深地感染了现场的观众，台下一片泣不成声。

这一支雕翎箭就是血证，
三关上陈琳柴干是证人，
诉罢状心欲碎伏地悲痛。

唱到这里，杜振忠饰演的杨六郎悲愤至极，泪如雨下。那腔调，那表情，那架势，那份情真意切，那份细致入微，那份独具一格，别有风味。这情景不禁让人想起李白的《长相思二首（其一）》："天长路远魂飞苦，梦魂不到关山难。长相思，摧心肝！"

在剧中"松林锄奸"那场戏里，杜振忠饰演的杨六郎头戴斧子盔，身穿白色大靠，脚蹬大靴子，一出场就赢得掌声一片。挺立在舞台中央的杜振忠，那种对角色的深刻把握，对杨六郎性格的真情演绎，让观众情不自禁地随着剧情发展而感动得泪水盈眶。

与潘洪父子开打时，杜振忠饰演的杨六郎相貌堂堂、身板挺直、宽肩乍背、精神抖擞、英气逼人，将杨六郎勇猛顽强、英勇善战的人物特征表现得淋漓尽致，观众们发自肺腑的叫好声和掌声此起彼伏。

唱、念、做、打都非常优秀的杜振忠在任丘崭露头角，赢得了任丘观众的广泛赞誉。

任丘人都爱看老调，几乎村村都有老调剧团，他们经常请杜振忠到村里给村剧团的演员们进行辅导。几十年来，杜振忠一直是有请必到，他用自己大半生的心血和汗水浇灌着老调的传承之花，他把自己的演唱艺术精华和舞台表演经验毫无保留地传授给了热爱老调的民间演员，目的是让老调艺术可以不断地传承下去，他的这种无私精神受到任丘各村级剧团广大演员的交口称赞。直到现在，被他辅导过的演员依然很敬佩他，说他宝刀不老，身板依然挺直，精神依然抖擞，嗓音依然洪亮，唱腔依然悠扬，调门儿依然精准。如今，他还偶尔给大家表演一个漂亮的腰腿功和把子功，引得一阵叫好之声。

任丘各村级剧团的演员们大都得到了杜振忠的真传，也继承了杜振忠对老调艺术的奉献精神，他们个个勇于进取、不负众望、卓尔不群，在属于自己的舞台上叱咤风云、独领风骚，让老调艺术不断地发扬光大，使其在众多的地方戏曲中始终独树一帜、独具风采。

可以说，踏踏实实地唱戏，认认真真地教戏，始终贯穿于杜振忠蓬勃盎然的生命里，像花儿一样，为昨天的风摇曳，为今天的雨伸展，为明天的阳光绽放。我想，这就是生命最美好的样子吧！

# 四、彰显风采

**（一）在河北省首届戏剧节中荣获演员三等奖，彰显实力派演员的风采**

1985 年 7 月，杜振忠参加了河北省首届戏剧节，在《宋江嫁妹》中成功饰演了矮脚虎王英一角，并受到评委和观众们的一致好评。

杜振忠同志：

荣获河北省首届戏剧节

演员三等奖。

一九八五年八月

获奖证书

王英这个角色非常适合杜振忠，是文武带打的小生戏，特别是剧中的一些高难度动作，当时剧团里几乎没人能够做到位，因此王英这一角色非他莫属。杜振忠饰演的王英文武兼备，突破了传统戏中“矮子王英”的旧形象，以正武生的出色表演，令人耳目一新，拍手叫绝。同时，杜振忠饰演的王英是短打武生装扮，他每次一亮相，台下便掌声雷动。只见他头戴虎头帽，身穿虎皮紧身短装，脚穿薄底靴，双手拿着棒槌，表演矫捷灵活，威风凛凛如下山猛虎，非常精干利索。

1985年，在河北省首届戏剧节上演出时，演员们配合得相当默契。最终，王贯英荣获演员一等奖，毛素欣荣获演员二等奖，杜振忠荣获演员三等奖。后来，《宋江嫁妹》这出戏就成了保定老调剧团一团的保留剧目，曾连续演出百场以上。

杜振忠在《宋江嫁妹》中饰演王英

在《宋江嫁妹》的第三场戏中，杜振忠饰演的王英与毛素欣饰演的扈三娘会阵，二人打得精彩激烈。杜振忠双手拿着棒槌，身手矫健敏捷，看上去干净利索，打起来非常漂亮，从不拖泥带水。他与拿戟的毛素欣边念白、边唱、边舞、边打，赢得观众啧啧称赞。

在这场戏中，求战心切的王英对宋江说道："哎呀大哥啊，何须与她费话！"话音未落，他便拍马上前，指着扈三娘喊道："丫头，放马过来！"

扈三娘对王英冷笑道："怎么着？你真活得不耐烦了？可姑奶奶刀下不斩无名之辈！"

王英藐视扈三娘，于是用挑逗的语气对扈三娘说道："哼，我是你家姑姥爷矮脚虎王英！"

扈三娘恼怒地回击："你这厮好生无礼，敢找姑奶奶我的便宜，休走，看戟！"

王英大喊："杀！"

双方开打，一时难分胜负。打斗中，二人的眼神和表情都流露出了爱慕之意，这为后来二人成为夫妻埋下了伏笔。

在这段武打戏中，杜振忠有几处表演难度极大。

第一，王英先是咕噜毛儿，之后跳起来，迅速扶住扈三娘的肩膀，跳过她的戟（这叫跳门槛儿）。两人身子贴到一块，王英往下一坐，扈三娘就踢他，他嗖地来了一个倒毛儿，亮相。

第二，扈三娘用戟扫王英蒙头，扫王英的下边，王英转一个圈儿，空中飞叉，之后落地，接蒙头。

第三，扈三娘佯装败退时，王英得意地去追她，正欲抓她时，身子先是往上一蹿，紧接着来了一个蹿直扑虎，从扈三娘身上扑过去，扈三娘一下腰，王英扑了个空。扈三娘顺势将王英打翻在地，夺下王英手里的两个棒槌，8个家丁赶忙上来把王英抬起来，往空中一抛，王英倒背着手被擒住，此时8个家丁大喊“拿住了”。

杜振忠的这一系列武打动作和身段都是特邀导演赵德芝亲自设计的，在排练过程中，赵德芝始终寸步不离杜振忠，一招一式地指导他，赵德芝老师的言传身教令杜振忠受益终生。

当时的评委们是这样评价杜振忠饰演的王英的：他有机地把武术和老调表演艺术结合在一起，并有了新的突破，跟头翻得帅，武打紧凑，身段干净利索，是当时短打武生的精英，武打特技动作及身段的敏捷性都很优秀，人物形象既生动又新颖，做到了一切从人物出发，妙用程式，开打套路别具一格，创新意识极强，给老调新人留下了极具时代感的经验，是新一代老调人应该继承与发扬的，对老调的振兴与发展具有启迪意义。

杜振忠饰演的王英令评委和观众们赞不绝口，英姿勃发的他再次崭露头角，成为让观众们倍加瞩目的文武小生。

**（二）在河北省戏曲振兴奖大赛中荣获河北省文艺振兴奖**

1986年，杜振忠参加河北省戏曲振兴奖大赛时，凭借在《拒马令》中成功饰演的青年康熙，被人们誉为文武兼备的“马上皇帝”，再次叫响省城。

这次的河北省戏曲振兴奖大赛可谓高手云集，竞争激烈。杜振忠饰演的青年康熙不拘泥于老调舞台上小生表演艺术的传统模式，而是吸取了国粹京剧小生的表演特点，大大地提升和拓展了老调小生的舞台表现力和艺术内涵，他的扮相气质和表演风格裹挟着霸气、傲气、英气和凛然之气，受到评委们的一致好评，以至于后来保定戏曲界一提起“小皇帝”就会不由自主地想起杜振忠。

我曾经看过很多次《拒马令》的录像光盘，我觉得这出戏的最大看点是正

杜振忠在《拒马令》中饰演康熙

反主人公之间的对决，是正义与邪恶的对决，是光明与黑暗的较量，是清白与浑浊的斗争，更是人命大于天与视人命如草芥两种价值观的争锋。

杜振忠在接受了《拒马令》的演出任务后非常高兴，为了演好这个人物，他立即全身心地投入了准备工作之中。他首先要做的就是深入地了解这个人物，并给这个人物定下一个基调，这是他表演设计的前提和依据。后来，通过翻阅大量的历史资料，杜振忠知道了康熙是统一的多民族国家的捍卫者，不仅奠定了清朝兴盛的根基，还开创了康乾盛世的局面，有“千古一帝”之美誉。

在对康熙的生平有了充分了解之后，杜振忠用一颗热情奔放的青春之心，真情演绎了青春盎然的康熙皇帝。在他眼里，康熙的青春就是一把刚开锋的宝剑，不仅可以直指大好河山上的污泥腐浊，还可以融化那些将要凝冻的江河湖川。康熙的青春就是一个金光四溢的大太阳，给大地万物带来了勃勃生机，其丰功伟绩会在中华民族的功碑上永远闪烁着不灭的光辉。

第四场是《拒马令》的核心场次，也是康熙的重头戏，杜振忠饰演的青年康熙头戴黄龙帽，身穿黄绣龙剑衣，脚蹬朝方靴，在舞台上一亮相，便彰显出年轻帝王英气逼人的气派。

随着剧情的步步深入，杜振忠的表演层层推进，引人入胜。在亲审涞水县令甘汝来时，康熙最初并不相信侍卫官毕里克会犯王法，他本想保护毕里克，从而维护皇家的体面和威严。可当甘汝来列举出毕里克“破坏农耕，干扰新政；横行霸道，强抢民女；依仗势力，杀伤人命”三大罪状之后，康熙只得板着脸问甘汝来：“三条罪状有何为凭?”

《拒马令》的全体剧组人员与现场工作人员合影

甘汝来沉着应对，回答道："现有毕里克画供，请皇上御览。"

康熙想要偏袒毕里克，他拿着毕里克的画供仔细察看，之后面部表情充满疑惑，迟疑地用拨子腔唱道：

毕里克侍朕躬忠心耿耿，
他岂能乱纲纪无法无天。
这画供莫不是阴私诈骗，
这桩案朕还需斟酌再三。

这段康熙与甘汝来的简短对话和唱腔充分表达出了康熙异常激烈的思想斗争，以及极其复杂的心情，杜振忠表演出的言谈举止非常符合一个年轻帝王的身份。

接下来，杜振忠饰演的康熙回忆起毕里克救他的情景时，无意间发现审案的桌子上有一根拐棍，于是他拿起拐棍当作弓箭舞起来，还边舞边唱。通过搭弓射箭、围着椅子前扑后仰、前后蹉步、耍拐棍、转身扔拐棍、甩辫子、踢辫子、翻身跌坐在椅子上等一系列动作，不仅把毕里克救自己性命的整个过程告知了甘汝来，还警告了甘汝来。

那一年木兰围场射猎把心散，
遇一只斑斓猛虎甚是凶顽。
朕躬马上取弓箭，
不料想搭箭张弓拉断弦。
转瞬间猛虎扑到咫尺远，
御马惊朕躬翻身落下鞍。
千钧一发危急时刻，
侍卫官纵马到朕身边。
手起刀落将虎斩，
朕躬龙体才得安。
到如今侍卫官偶失检点，
你背朕躬拘他入监就不怕犯天颜？

康熙的这段唱腔是第四场的中心桥段，含意丰富，在叙述虎口脱险这件事的同时，还亮明了毕里克对自己有救命之恩，二人的关系非同一般。此外，康熙还想用皇威震慑住甘汝来，让他看在自己的面子上放毕里克一马，别因为这么点儿小事触犯天颜。

杜振忠在这段边舞边唱的重头戏中，做派、神情、功架尽显英武潇洒的气质，受到评委们的一致好评。

随着剧情的步步推进，杜振忠饰演的康熙越发出彩。康熙万万没有想到，他不但没能镇住小小的七品县令甘汝来，反而激发出了甘汝来秉公执法的万丈豪情。

一身正气的甘汝来说道：“臣只知按律定罪，而不会因人易律。”

康熙语气凌厉地说道：“难道对朕有救命之功的人，你也要依律治罪吗？”

甘汝来毫不退让，语气铮铮地说道：“毕里克罪在当诛！”

康熙有些不耐烦地说道："甘汝来，你如此强项抗上，难道你想做强项令吗?"

甘汝来颇有感触地说道："可惜当今皇上不是汉光武帝刘秀。"

康熙恼怒地喊道："你大胆!"

此时杜振忠表现出来的那份盛气凌人，将青年皇帝的傲气、霸气表达得淋漓尽致，受到评委和业内人士的一致好评。

随后甘汝来推心置腹地对康熙唱道：

难道说满人理该享特权?
……
劝皇上对满汉同等看待，
满汉一体心相连。
除时弊朝廷理应做典范，
臣看皇上民看官。
律不严纲纪乱，
殊不知载舟之水也翻船。

康熙听后不禁心潮起伏，感慨万千，随即用拨子腔唱道：

好一个直言铮铮汉，
道理明达义正词严。
甘汝来从实直陈无私念，
直言奏疏是为朕躬为江山。
毕里克救命之恩非一般，
对朕躬鞍前马后衷心拳拳。
谁是谁非难决断，
神思不定心里烦。

这段唱腔充分表达出了康熙对此案谨慎、重视的态度。一方面，他肯定了甘汝来的直言奏疏是为了自己好，是为大清江山着想；另一方面，也表达出了康熙是个重情重义之人，他时刻把毕里克的救命之恩牢记在心、念念不忘。康熙既爱甘汝来的一身正气、坦荡磊落，也放不下毕里克对他的恩情。看得出犹豫不决的康熙是在痛苦的漩涡中不断挣扎、搏斗，并且深陷其中，不能自拔。这些表达给人的感觉非常真实，非常贴近生活。

这时，三法司办理此案的满臣们迫不及待、异口同声地催促康熙："请皇上速将犯官甘汝来治罪！"

康熙烦躁地一挥手，说道："案由未详，不准所请，回宫！"康熙的言行反映出他的内心深处其实已经相信了甘汝来，已经把甘汝来视为忠臣。同时，他认为草草结案就是乱杀无辜，是昏君所为，而他不是昏君，是受万民称颂的明君，因此他果断地做出"不准所请"的决定。此时杜振忠表演的肢体语言，充分表达出了康熙复杂的心理活动，评委们对这段表演赞赏有加。

杜振忠在第六场的表演也非常出色，表现出了康熙勤政爱民、事必躬亲、求真务实、公正廉明的博大情怀。

为了进一步查明真相，更为了不冤枉一个好人、不放走一个坏人，康熙乔装改扮溜出皇宫，来到前门大街的酒仙店。扮成商人模样的康熙一上场，便赢得了观众的喝彩。我认为此时观众的喝彩不仅仅是因为杜振忠饰演的康熙颜值高、扮相好、台风正，更重要的是因为康熙为了秉公断案，亲自微服出宫寻找证据，这份对汉民的情、对汉臣的意，绝对是高情商的帝王才会具备的素质。

在酒仙店，当康熙听到受害人万婆气愤地说："都怨那金銮殿上的皇上不长眼哪！"他顿时勃然大怒，神情突变，猛地站起来喊道："你大……"他本想说"你大胆"，但却把"胆"字又咽了回去，见万婆母女正惊愕地望着他，他急忙掩饰，改变态度，语气温和地对万婆说："你……可莫要这样大声讲话呀！"

杜振忠的这段表演层次分明，对角色的把握得当，一方面表现出了康熙的年轻气盛，另一方面表现出了康熙为查明真相，能够克制隐忍、委曲求全，深受业内人士的好评。

接下来，杜振忠饰演的康熙唱道：

在宫廷满耳恭敬称颂，

何曾听过咒骂声。
听她母女出言不逊将朕骂，
不由怒火往上涌。
为查清人命案暂忍胸中怒，
做皇上挨骂还得洗耳恭听。

杜振忠的这段演唱把康熙此时的心理状态表达得恰到好处。

随后，受害人万婆义愤填膺、满腔怒火地唱道：

骂一声皇帝老儿太愚笨，
这样的冤假案都审理不清。
对皇帝老儿我连声骂，
骂他是心不明神不清，
眼又瞎耳又聋，
无道的昏君，
昏庸的朝廷。

康熙出于对受害人万婆母女的同情、怜悯和愧疚，面对万婆的破口大骂，他没有怒火上涌，而是软绵无力地念道："骂得我面红耳赤头发蒙。"

杜振忠的这段表演对角色的把握很准确，表现出了康熙爱民如子的情怀。康熙甚至觉得万婆骂得对、骂得好，自己身为一国之君，连这么个小案子都审不清、判不明，着实该骂。

此时，康熙先是得知了虎儿赤受毕里克的指使，企图到酒仙店抓万婆母女杀人灭口，之后又从虎儿赤的口中得知毕里克确实在涞水地界踏死人命、强抢民女，他豁然顿悟，立即用流畅、有力的快二板唱道：

山重水复案连案，
顷刻明了尽豁然。
激浊扬清正纲纪，

惩恶彰忠朕毅然。

康熙随即做出判决："将犯臣毕里克交三法司会审议罪，涞水县令甘汝来尽忠尽责，有功无罪，官复原职。甘汝来仗义惩凶，拦截侍卫官的马头，忠君爱民，朕封他为拒马令!"

杜振忠的这段道白明白晓畅、铿锵有力，反映出了康熙想要励精图治的精神面貌。

写到这里，我不禁想起唐太宗李世民的《赐萧瑀》："疾风知劲草，板荡识诚臣。勇夫安识义，智者必怀仁。"

评委们一致认为：杜振忠饰演的康熙可圈可点，他把康熙这个人物塑造得真实可信、个性鲜明、立体饱满，人物刻画得相当到位，十分出彩，杜振忠获得河北省文艺振兴奖，实至名归。

**（三）在河北省地方戏曲青年演员电视选拔赛中荣获最佳演员奖**

1987 年，河北省文化厅、河北省广播电视厅、河北省文联联合主办了河北省地方戏曲青年演员电视选拔赛，这是当时河北省文艺界的最高级别赛事。老调剧团非常重视这次比赛，通过审慎选拔，决定派杜振忠参赛。

杜振忠接到通知后，认为这是历练自己、展示自己的大好机会，于是他暗下决心，一定要做到不辱使命、竭尽全力，争取最好的比赛成绩给老调剧团增光，给保定添彩。之后他静下心来，仔细分析了自己的实力，经过反复考虑，他决定将早已在京剧、河北梆子等剧种中被观众认可的大戏《周仁献嫂》中的《拷打周仁》一折改编移植成老调参加比赛。

《拷打周仁》这一折戏是很吃功夫的文武戏，唱功、做功都极其繁难，囊括了唱、做、念、打、翻、摔等多方面的功夫，对演员的要求很高。一向不畏艰难、敢啃硬骨头、敢打硬仗的杜振忠没有望而却步，越是难度大的戏，他越是愿意挑战。

杜振忠多次看过京剧、秦腔、蒲剧、川剧、豫剧、曲剧、婺剧等多个剧种演出的《周仁献嫂》，以及多个地方剧种演出的折子戏，因此对周仁这个人物很是了解。1985 年，他拜京剧名家储金鹏先生为师后，储金鹏先生曾教他的师弟张树群（河北梆子演员）演出《周仁献嫂》全剧。杜振忠忙中偷闲，经常去看张树群排练，潜移默化中学到了很多这出戏的表演技巧和精髓。因此杜振忠选择表演《拷打周仁》参赛，可谓是胸有成竹，信心满满。

为了取得更好的演出效果，杜振忠常常利用午休时间独自一人到郊外的畜牧场练习高难度动作。当时他的脚踝处长了一个鸡蛋大的疖疮，手术后总是化脓，伤口迟迟不能愈合，但为了在比赛中取得好成绩，他咬紧牙关，坚持练功。以至于伤口一次次裂开，鲜血浸透了绷带，而他一次次到医院包扎好后便立即返回练功场继续练功。汗水将他的衣服湿透，贴在身上影响做动作，他就脱下衣服，穿着短裤继续练习。老调剧团的领导们看到杜振忠脚腕上缠着的浸透了鲜血的绷带，都心疼得不得了，他们关切地对他说：“疼得钻心吧？您着点儿练，要不等伤口长好了再练吧！”此时意志坚定的杜振忠忍着剧痛，笑着对他们说：“没事儿，男子汉大丈夫不怕疼，关云长刮骨疗毒不用麻药，直接手术，人家都不怕疼，我这点儿小伤算得了什么。时间不等人，等伤口长好了再练的话，黄花菜都凉了。”

接下来的时间里，老调剧团给予了杜振忠最大的支持，剧团团长关连生、副团长杨吉松、导演蒋兴国都亲自到排练室帮助杜振忠练习，杜振忠对此很是感激。在此期间，时任中共保定地委宣传部长的贾瑞增先生、时任保定地区文化局局长的陈宝荣先生曾多次鼓励杜振忠，当他准备去省里参赛时，两位领导还亲自为他送行。

通过众人的群策群力，攻坚克难，最终以恢宏的格局打破了众多剧种的传统表演方式，在汲取各地方剧种精华的基础上，以突出保定地方戏特色为中心，以凸显武戏文唱、文戏武唱为基本点，推陈出新，通过呕心沥血的精雕细刻，经过无数次的冶炼淬火，杜振忠饰演的周仁终以崭新的面貌伫立在了比赛的舞台上。

这次比赛有几千人报名参加，经过初期选拔，有 100 多人入围，之后又通过激烈的角逐，最后筛选出 20 人进入决赛。决赛中，杜振忠以优异的成绩获得了小生组的“最佳演员奖”，这是河北省唯一的一个文武小生奖，保定乃至河北省的新闻媒体都对此事做了相关报道。

当时有专家说：以前优秀的小生以女扮男妆者居多，女扮男妆的小生或男性小生以文生居多，文武不挡、唱做俱佳的文武小生却是凤毛麟角。以前的男性小生受诸多条件的限制，有的嗓音好但武功欠佳，有的武功好嗓子却不行，

杜振中 同志

在河北省地方戏曲青年演员电视选拔赛中荣获最佳演员奖

河北省文化厅

河北省广播电视厅

一九八七年十二月三十日

获奖证书

而杜振忠这位老调舞台上的佼佼者，却拥有优秀文武小生的所有条件。他善于博采众长，因此他在老调传统小生表演艺术的基础上，形成了个人独特的艺术风格，成为老调舞台上难得的唱、念、做、打、翻、摔俱佳的文武小生。

评委们也高度赞扬了杜振忠，说杜振忠把周仁这个人物刻画得活灵活现、有血有肉、入木三分，还说他的表演潇洒大方，演唱宽亮，穿透力强，是不可多得的文武小生。

在我眼里，杜振忠荣获的“最佳演员奖”浸透着他的汗水和鲜血，因此格外红彤彤、活生生、水灵灵、硬铮铮。因为我知道，在决赛的前一天，他脚踝的伤口感染化脓了，他咬紧牙关，忍着疼痛，深一脚浅一脚地去医院上了药。第二天，他忍着剧痛完成了一连串的高难度动作，从台上下来后，伤口处的血水早已渗透了绷带，染红了他的彩裤。

我曾多次看过《拷打周仁》的录像光盘，细细品味，我认为这出戏是由文戏和武戏两部分组成的。在这里，我先对他的文戏部分，也就是演唱部分进行一个简单的赏析。

在我看来，杜振忠的演唱清新文雅，不像有些女扮男妆的小生唱的那样尖利凌厉，更不像有些男性小生唱的那样炸裂。

含悲痛埋葬了我的妻，
迷惘惘一路行来不敢高声啼。
我夫妻生死离别报知己，
耿耿丹心只有苍天知。
叹世间哪有真情理，
天昏昏地暗暗尽是鬼蜮。
悲切切心慌乱急回故里，
战兢兢叩门环仁嫂你快开门扉。

这是杜振忠刚上场时的唱段，唱功、身段都是一级棒，蹁腿稳而漂亮，动作潇洒干净，甩发绺子和盘发绺子都很出色。跌跌撞撞、步履踉跄、身子如风中柳条般悠荡的他，表现出了周仁此时心如刀绞、痛彻心扉的情态，一上场就牢牢吸引住了观众们的视线。在唱出第一句“含悲痛埋葬了我的妻”后，他双手甩水袖，之后掩面而泣。接下来“迷惘惘一路行来不敢高声啼”一句，他唱得哀婉凄切，只见他边唱边向上抛水袖，之后跪地甩发，充分表现出了周仁失魂落魄、惊恐万分的情态。接下来的“我夫妻生死离别报知己，耿耿丹心只有苍天知”两句，他唱得甚是悲凉，只见他先是双手往里挽水袖，之后双手抱肩，满脸的无可奈何，表现出了周仁极度委屈、伤心欲绝的情态。“叹世间哪有真情理，天昏昏地暗暗尽是鬼蜮”这两句他唱得悲愤交加，只见他先是有力地把水袖抛向空中，接着双手抖颤着甩水袖，表现出了周仁恨天恨地的情态。“悲切切心慌乱急回故里”这一句他唱得哭腔深浓，让人泪奔，只见他连续用了蹉步甩发的动作，表现出了周仁的慌乱与焦急。此外，他还连续做了往上抛水袖、往下压水袖、身子配合水袖上起下蹲等动作，这些动作难度很大，一般小生演员是做不来的，但杜振忠做得极为连贯、顺畅，可谓天衣无缝、浑然天成，准确地表现出了周仁此时的胆小、害怕、慌张和不知所措。“战兢兢叩门环仁嫂你快开门扉”这句，他唱、念结合，通过痴呆的双眼、失神的神情，表现出了周仁难以抑制的愤懑、仇恨、委屈、悲伤，以及肝胆欲裂的情态，把悲剧气氛推向高潮。

杜振忠在《拷打周仁》中饰演周仁

周仁进屋后，字字血，声声泪，仇恨满腔，他对仁嫂诉说了自己的妻子代替仁嫂刺杀奸贼未果，最后自尽身亡的经过后，便晕厥了过去。那蹉步、垫腿、探海等一系列动作做得干脆利落，如行云流水，令人赏心悦目。

总之，我认为杜振忠的文戏唱腔纯净，字正腔圆，委婉动听，道白清晰，抑扬顿挫，韵味十足。他的水袖和甩发潇洒自如，帅气十足，令人目不暇接，沉醉其中，不能自已。

《拷打周仁》中的武戏部分更是精彩绝伦，令人频频拍案叫绝。

王四公误听他言，怒气冲冲地找上门来，不问青红皂白便举棍拷打周仁。在短短的五六分钟内，杜振忠连贯且娴熟地完成了十几个高难度动作，极其生动地表现出了周仁失去爱妻却难以启齿的情态。这些复杂的心理动势，在一追一躲、一打一闪中有层次地展示了出来，生发出动人心魄的艺术魅力。

在我看来，杜振忠把唱、念、做、打、翻、摔等技巧都运用得游刃有余，而且没有卖弄之嫌，这是因为他不仅注意了技巧性和审美性的有机结合，还注意了在限定的时间内集中发挥自己的优点和长处，从而表现出了周仁在特定环境中的精神状态和性格特征。

此外，我认为杜振忠饰演的周仁扮相俊美秀雅却不阴柔，丝毫没有娘娘腔的感觉，并且风格沉静内敛，丝毫没有浮华夸张。更为难能可贵的是，杜振忠饰演的周仁有种纯真干净的书生气质，这样的气质于小生行可算得上是凤毛麟角。戏中的周仁自然是一个有智慧的人，但我认为他的本质特点并不在此，而恰恰在于他身上可贵的理想主义情怀，虽有忧虑，虽会权衡，虽被命运步步紧逼、百般凌虐，却也不惜舍生取义。而杜振忠自身特有的气质，使他饰演的周仁变得透明纯净、亲切可感、带人入戏。

杜振忠饰演的周仁在被错打后，那委屈的表情令人会心。这出戏是爱与痛的延伸，是在不停地往周仁心头的创口上撒盐，让周仁一波接一波地承受浓得化不开的黑暗与痛苦。于是，我越发理解他内心的万般哀恸，于是，我同情他、心疼他，准确地说，我为周仁心痛，为杜振忠心痛，更为这个戏心痛。这种心痛源于杜振忠难能可贵的个人气质，源于他对周仁这个人物的准确把握和动情演绎，更源于他在继承传统戏曲艺术的同时，能够与时俱进，表现出新气象，创造出新技巧。

我想，当今社会一定需要像杜振忠这样的稀缺的文武小生演员，广大观众也一定需要这样的戏，更需要像周仁这样的忠孝节义。

我想，在这个世界上，很多事情并不能以利益得失去衡量是否值得，纵然我们无法达到那样的高度，然而对忠诚、善良、仁义、壮烈的敬畏，应该是芸芸众生的一种最起码的底线吧！

**（四）在第二届河北省戏剧节中荣获演员二等奖**

1988 年 6 月，杜振忠被任命为保定老调剧团二团副团长，主抓业务工作。走上领导岗位的他更加意气风发、斗志昂扬，除了主持团里的日常工作，还挤出时间带领演员排演了《郑小娇》《王莽赶刘秀》等剧目，均受到了观众的一致好评。

1989 年 6 月，由于杜振忠工作出色，被任命为保定老调剧团一团团长，德高望重的辛秋花任书记。胸怀锦绣的杜振忠带着阳光、带着花香、带着青春、带着汗水，在老调剧团团长这个岗位上撒血汗、燃芳华，一干就是 23 年。

杜振忠上任后，与辛秋花拧成一股绳，团结一致向前看，成为令人羡慕的黄金搭档。二人在老调舞台上并肩而行，扬鞭策马，纵横驰骋，使老调舞台姹紫嫣红，百花盛开春满园。

为了参加第二届河北省戏剧节，杜振忠决定重排剧目《钟离春》。为了把《钟离春》打造成一部精品力作，杜振忠满怀火热的激情，开始了紧锣密鼓的筹备，他还从北京请来了京剧名家张春孝、刘秀荣两位老师指导排练。排练期间，杜振忠正式拜张春孝为师，并行了叩拜大礼。

杜振忠在《钟离春》中饰演齐王，毛素欣饰演钟离春，在张春孝、刘秀荣两位老师的严格要求和认真指导下，他们两人珠联璧合，把演技发挥到了极致，成为深受评委赞赏的黄金组合。杜振忠和毛素欣在第二届河北省戏剧节一亮相便引起了轰动，并最终双双获得演员二等奖，同时《钟离春》这出戏也获得了很多奖项，为保定争了光、添了彩。张春孝、刘秀荣两位老师在观看了《钟离春》后，在《大舞台》杂志上发表了评论文章，高度赞扬了杜振忠的演技。

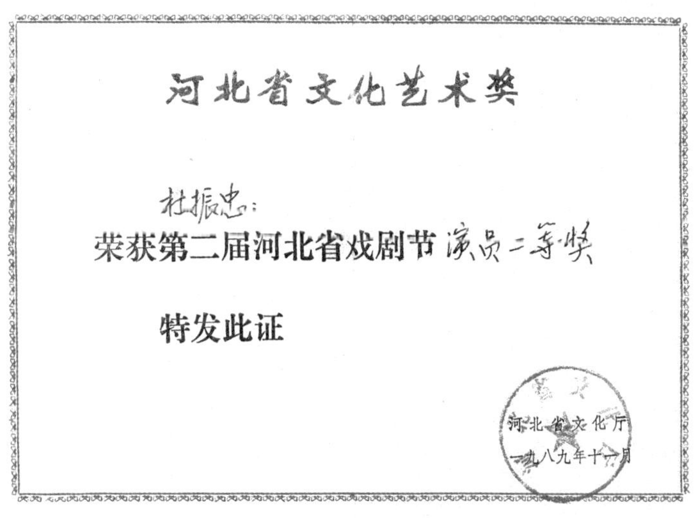
河北省文化艺术奖

杜振忠：

荣获第二届河北省戏剧节演员二等奖

特发此证

河北省文化厅

一九八九年十一月

获奖证书

由于杜振忠曾成功饰演了青年康熙，积累了丰富的舞台经验，因此他在饰演齐王时越发地得心应手、游刃有余。舞台上的他，扮相英俊，风流倜傥，加上浑身散发出的王者气派，不仅迷倒了专家和评委，还赢得了观众的掌声与喝彩。

《钟春离》剧照（左为毛素欣，中为杨吉松，右为杜振忠）

我曾经很用心地分析过杜振忠饰演的齐王，不仅真实可信，而且很接地气，并且我认为他在戏中的以下几处表演非常符合这个人物的性格特征。

一是他的身段动作。

在行围打猎这场戏中，杜振忠饰演的齐王一亮相，便牢牢地吸引住了观众们的眼球。齐王与丞相晏婴等人驰马打猎来到钟离春和众姐妹一起采桑的桑园，随即唱道：

> 脱龙衣摘王冠，
> 驰马行围解忧烦。

刚唱了两句，齐王骑的马就受了惊，开始在长满青苗的田地上疯狂奔跑。这匹御马是刚刚进贡而来，猛如虎，性凶暴，力胜雄狮，众兵将虽是拼命拦截，可还是没有人拦得住。只见杜振忠奋力挥舞马鞭，施展出文武小生的全能演技，做出了勒缰绳、跑场、走边、跪步、蹉步、走马趟子、劈叉、抢背等一系列动作，动作做得干净利落，毫不拖泥带水。突然钟离春扑了过来，只斗了几个回合就将御马驯服了，此时杜振忠做了一个抢背的动作，非常精彩。

杜振忠的这一系列身段动作，非常符合齐王这个人物的性格特征。

二是他的言谈举止。

当钟离春驯服御马，救下被吓破胆的齐王后，她看到被齐王等人踩踏坏的大片青苗，非常气愤，于是抬手指着齐王说道："今后不许你在良田行围打猎，马踏青苗!"一个丑村姑竟然敢命令自己，齐王很愤怒，于是暴躁地命令众兵将："把这个野丫头给我拿下!"可钟离春不但把众兵将打得落花流水，还把齐王打得狼狈不堪，摔倒在地。杜振忠往地上的这一摔，让观众惊叹不已。齐王被钟离春打得心服口服，马上转变态度，连声对钟离春说道："好，好，我答应你，今后决不会在良田行围打猎，马踏青苗。"

杜振忠在戏中言谈举止的变化，非常符合齐王这个人物的性格特征。

三是他果断地当场表态，封钟离春为正宫国母。

齐王从地上站起来后，边用敬佩的目光偷看钟离春，边用赞美的腔调唱道：

这姑娘身手矫健武艺强。

钟离春也用赞赏的目光偷窥齐王，并唱道：

这汉子知错改错性豪爽。

此时的齐王又兴奋、又激动，他用赏识的腔调继续唱道：

只见她一头青丝乌黑亮，<br>绿绫裹身宽肩膀。

与此同时，精明的丞相晏婴在一旁看着齐王与钟离春二人相互窥望，觉得他俩真是一对枣木棒槌正成双，于是萌生了"为我朝增添女栋梁"的想法。他随即主动充当月老，牵线搭桥，鼎力促成了二人的美好姻缘。而齐王则是果断地说道："钟离春听封，孤封你为正宫国母。"说完，齐王哈哈大笑，兴高采烈地带着钟离春回宫了。

杜振忠饰演的齐王为了齐国的江山社稷，喜欢上了丑女钟离春，他不在乎钟离春的外貌，他看重的是钟离春的大胆、勇猛、仗义、正直、善良。从钟离春驯服御马的那一刻，齐王就认定了钟离春不是一般的女子，绝对是国家的栋梁之材。因此，杜振忠的这段表演非常符合齐王这个人物的性格特征。

四是他在洞房爽快地接受了钟离春对他的约法三章。

齐王和钟离春入洞房后，满心欢喜，见宫娥散去，只剩下自己和钟离春，便抱住了她的肩膀，浓情蜜意地对钟离春说道："我想好好看看你！"钟离春则羞答答地说道："在桑园你还没把我看够吗？"齐王乐呵呵地说道："你呀……"紧接着，齐王幽默诙谐地唱道：

袖中手出像蒲扇，
裙下的金莲赛小船。
鹤立鸡群高头半，
面色黑亮如熏烟。

钟离春听后，知道齐王是在调侃戏谑她，于是笑嘻嘻地举拳欲打齐王，齐王立马正正经经地唱道：

你满腹韬略浑身胆，
臂力无比女魁元！

钟离春听后又兴奋、又激动，之后坦诚地对齐王约法三章，唱道：

一劝君莫广筑台榭修宫殿，
小辟宫院毁农田。
君正臣悦服，
官清民自安。

二劝君少沉女乐出宫院，
远色寡酒有节俭。
沉湎声色失德政，
丧志自堕失江山。
三劝君任用忠贤见肝胆，
从谏如流纳忠言。
宵衣旰食勤治政，
江山长久国泰民安。
君若能把明言听，
今夜晚咱共结金玉良缘。
若君明言不入耳，
钟离春舞桑棍挥动双拳。
打出宫院回无盐，
永世不再进宫院。

齐王听后，忙不迭地对钟离春说道：“这约法三章孤记下了，照办就是。”

此时杜振忠饰演的齐王不是在敷衍钟离春，而是发自肺腑地接受了钟离春的约法三章。他觉得钟离春是个智勇双全的奇女子，不仅打心眼儿里敬佩她，甚至越发地觉得封钟离春为正宫国母是完全正确的决定。因此，杜振忠的这段表演非常符合齐王这个人物的性格特征。

五是他率领文武百官兴高采烈地到城外迎接钟离春凯旋。

只见杜振忠饰演的齐王身穿华贵的龙袍，高举马鞭，满面春风、神采飞扬地出场，随即喜气洋洋地唱道：

吴起率兵来犯境，
害得我洞房花烛没拜成，
新婚夜钟离春挂帅亲出征。
钟离春爱妃真勇猛，
平灭了鲁晋宋楚郑卫陈，

还有燕曹各路诸侯。
张松上疏谏忠言，
孤王纳谏传令钟离春班师速回京。
钟离娘娘凯旋转，
我率百官出宫廷，
来到城外亲把钟离迎。

这一段唱腔，杜振忠唱得感情充沛，慷慨激昂。新婚之夜，齐王和钟离春刚要解带宽衣就寝，忽听丞相晏婴来报，吴起大兵犯境。钟离春毫不犹豫地挺身而出，立马脱下红装，换上铠甲，挂帅出征扫狼烟。之后频传捷报，不仅保卫了齐国的国土，还使齐国的黎民百姓免遭涂炭，这才有了齐王兴高采烈地亲自出城迎接，充分表现出了齐王对钟离春的想念与牵挂，以及想要赶快见到她的那份急切。因此，杜振忠的这段表演非常符合齐王这个人物的性格特征。

六是他听到鲁国军队大兵压境时呈现出的复杂情绪。

齐王听信谗言将钟离春贬回家乡桑园后，鲁国见齐国朝中少了钟离春这个勇猛元帅，决定乘虚而入，侵略齐国。鲁国的军队像泛滥的洪水一样汹涌而至，大有把齐国一举淹没之势。齐王急忙召集文武百官商议征讨之事，可竟无一人敢挂帅出征。心急如焚的齐王愤恨交加地唱道：

闻听军情冷汗淋，
气恨填胸心胆惊。
可恨鲁国无情意，
缔结婚姻又兴兵。
眼看齐国江山将欲倾，
我把文武群臣叫连声。
谁若领兵去上阵，
我把你的官职往上升。
谁若挂帅去出征，
齐国的江山为王与你分。

这一段唱腔，杜振忠唱得极富层次感。开始的两句表现出了齐王的心惊胆战、心急如焚，之后的两句表现出了齐王对鲁国背信弃义行径的满腔愤恨，最后的几句则是表现出了齐王的悲沉、郁悒和万般无奈。因此，杜振忠的这段表演非常符合齐王这个人物的性格特征。

七是他亲自到桑园接钟离春，还为钟离春牵马坠镫。

齐王哀求钟离春挂帅出征，钟离春让齐王为她牵马坠镫，齐王虽是心里委屈，但想到齐国的安危，他也只得照办。

杜振忠的这段表演，将齐王因为钟离春答应挂帅出征而带来的喜悦，以及齐王碍于面子，不想为钟离春牵马坠镫的委屈，巧妙地融合在了一起，非常符合齐王这个人物的性格特征。

总体来看，杜振忠饰演的齐王很真实、很成功，这源自于他的艺术观。杜振忠讲究实实在在做人、实实在在唱戏，他非常讨厌虚假表演，他认为演员在舞台上的虚假表演不仅是在欺骗观众，也是在欺骗自己。杜振忠曾说：要想演好戏，首先要学会做人，只有清白做人，心无杂念，才能认真演戏，才能演好每一个角色，一个习惯弄虚作假的人，连最起码的真诚都没有，那么他传递给观众的信息一定也是虚假的、是伪善的，这样不仅愚弄了观众，也愚弄了角色，愚弄了剧目，更愚弄了自己。因此我觉得，正是杜振忠把自己的那份真诚全部渗透在了戏里，才使得他塑造的人物是那样的真实可信。

**（五）在第三届河北省戏剧节中荣获演员二等奖**

1992 年 6 月，杜振忠排演了歌颂爱国主义精神的近代戏《乡间怒火》，他饰演主人公闫志修。闫志修是个乡间秀才，也是个能文能武、气质非凡的义和团基层首领，杜振忠通过眼神、念白、唱腔等一系列表演，把闫志修这个人物刻画得入木三分、有血有肉、栩栩如生。以致在很长的一段时间里，同事们都不叫他的名字，而是叫他清朝秀才。

我曾多次看过《乡间怒火》的录像光盘，我认为杜振忠在剧中的演出风格非常洒脱豪放、激情浩荡。

杜振忠饰演的闫志修一出场就让人为之一振。青年时期的闫志修眉清目秀、风度翩然、举止儒雅、英气勃勃、身姿挺拔，浑身散发着书卷气。有着深厚武

杜振忠在《乡间怒火》中饰演闫志修

功功底的他身穿清代秀才装，手拿书生折扇，脑后那条具有明显清代标志的大辫子甩过来又甩过去，之后嘎嘣脆地一个亮相，帅气十足。

清政府勾结洋人在乡间烧杀抢掠，无恶不作，打死打伤众多无辜百姓，乡亲们怒火满腔，奋起反抗，要去找清政府和洋人拼命，此时闫志修苦口婆心地劝阻众人："众乡亲不能鲁莽，赤手空拳闯洋教堂是蛮干……冤有头，债有主，血海深仇不能忘，血债还要血来偿！"

杜振忠的这段念白铿锵有力，把年轻秀才的血气方刚展示得恰到好处。

乡亲们觉得闫志修说得在理，便围在他身边请教如何对付清政府和洋人。只见闫志修猛然一甩大辫子，将辫子缠绕在脖颈上，然后慷慨激昂地唱道：

横行霸道是洋教，
黎民百姓苦中熬。
家家有本血泪账，
满腹仇恨胸中烧。
深仇大恨定要报，
昭雪国耻在今朝。
孤身难把群魔扫，
必须民众心一条。

河北省文化艺术奖

杜振忠同志

荣获第三届河北省戏剧节演员二等奖

特发此证

河北省文化厅

一九九二年六月

获奖证书

唱罢，闫志修将书生折扇猛然抛出几丈远。接着，他又说道：“从今天开始，男练义和拳，女练红灯照，先杀洋鬼子，再斩贪官污吏，把洋人赶出洋教堂，不报此仇，我誓不为人！”

杜振忠前一段的唱腔洒脱豪放，表现出了闫志修要弃文从武，与清政府和洋人进行殊死搏斗的决心。后一段的道白字字珠玑、吐字清晰、发音刚劲，又配以恰到好处的肢体语言，给人以怒发冲冠、仰天长啸、壮怀激烈的豪气之感。

当清政府警告闫志修要想保住秀才功名，就别管村民的闲事时，已经成为义和团大师兄的闫志修猛然一甩大辫子，坚定地说道：“路不平，有人铲；理不平，有人管！”

杜振忠此时表演出来的那份不顾自己的功名、敢于斗争、善于斗争的执着精神，令人钦佩不已。

洋人恶狠狠地威胁闫志修说道：“你太猖狂了……天主不能饶恕你，上帝一定会惩罚你！”闫志修猛然一甩大辫子，慨然唱道：

神州地，

华夏天。

……

天主说什么我不管，

上帝劳神也枉然！

这段唱腔，杜振忠向洋人释放出了强硬的信号，令洋人心惊胆战，更表现出了闫志修钢铁般的意志，以及不惧怕洋人、敢和洋人斗争到底的信心和决心。

当清政府和洋人设下陷阱，想把闫志修引进村，趁机把义和团和红灯照一网打尽时，缺乏战斗经验的闫志修心急如焚地唱道：

官府派兵杀进村，

杀人放火罪恶深。

回兵村中斩狗官，

杀退清兵救乡亲。

这段唱腔，杜振忠唱得风风火火、斗志刚猛、豪气冲天，让我不禁想起了唐代王昌龄的诗句“黄沙百战穿金甲，不破楼兰终不还”。

战斗经验丰富的麻师兄通过分析，认为其中有诈，于是百般阻拦闫志修回村救人，他劝说闫志修这是官府设下的圈套，千万不能中计。仍未识破官府诡计的闫志修心中五味杂陈地唱道：

为同胞我把功名抛至在天外，

为乡亲我拿出万贯家财。

为报仇举义旗翻江倒海，

为主权我早将生死丢开。

为生存雪国耻忠心犹在，

难道说闫志修心地不白。

闫志修作为秀才本可以享受一些特权，但他为了乡亲们的安危，不仅放弃了自己历尽千辛万苦才挣来的功名，还变卖家产给义和团和红灯照购买了刀枪，杜振忠将闫志修的这种奉献精神演绎得淋漓尽致。

遥望着官军在村里烧杀抢掠，闫志修满腔怒火，只见他愤然地唱道：

眼前官军烧杀抢，
坐视不救丧天良。
怎忍乡亲把罪受，
先解燃眉再论短长。

唱完，闫志修毅然决然地带领着义和团的团员们杀进了村。

杜振忠的这段唱腔，以及他挥刀而去的舞台动作，向观众们展现了一个从未受过正规军事训练的乡间秀才成为民间武装团体首领后的凛然正气。尽管闫志修看起来还是很单纯、很不成熟，且缺乏战斗经验，但他敢于跟官军和洋人斗争的那一身豪气，让观众们赞叹不已，也使我不禁想起了清代谭嗣同的诗句：“我自横刀向天笑，去留肝胆两昆仑。”

闫志修最终还是进入了官府设置的陷阱，义和团的团员伤亡惨重，遍体鳞伤的闫志修带领着幸存的团员拼命冲出了官军的包围圈，当在村外与麻师兄汇合时，他羞愧难当地唱道：

众弟兄关切我话语声声，
更让我满面羞无地自容。
悔不听麻师兄良言相劝，
错指挥误入了敌设牢笼。
我被那复仇心遮住双眼，
才招致这一次无谓牺牲。
羞愧交加泪眼朦，
血的教训记心中。
恳求师兄撤换我，

当一个好团民杀敌立功。

杜振忠的这段唱腔让观众们感受到了闫志修心海中的惊涛拍岸，以及他壮志未酬的郁闷与惆怅，这一刻的闫志修悲愤交加、悔愧交融、无比自责。

这时，麻师兄对闫志修说道：“这大旗你还得扛，这大师兄你还得当！”众团员也异口同声地说着同样的话。闫志修看到大家如此信任他、支持他，心中理想的火焰再次点燃，于是他爽快地答应了众人。

此时，舞台上的杜振忠用肢体语言向观众传达了闫志修要继续战斗下去的决心。

重新振作起来的闫志修和麻师兄定下了调虎离山计，决定在两狼沟设下埋伏，彻底歼灭官军和洋人。

杜振忠在表演这一段戏时的语气和动作是那样的洒脱狂放、激情浩荡。

官军和洋人相互勾结，为了让闫志修投降，他们把闫志修的父亲绑上了山，以此作为要挟。眼看着被打得遍体鳞伤的父亲被捆绑在山石上，闫志修心如刀绞，他痛苦不堪地唱道：

救爹爹又恐怕战机错过，
杀贼子又恐怕血染山坡。
左思右想难坏了我，
前番的苦水决不能再喝！

杜振忠的这段唱腔展现出了闫志修的柔肠百转、心乱如麻、犹豫不决的情态，此时的闫志修已经牢牢记住了上次的教训，整个人变得成熟，不再莽撞，他要慎重地决定后面的行动。

闫志修的父亲为了消除儿子的顾虑，毅然决然地将头颅撞向山石，阖然离世，痛断肝肠的闫志修当即昏厥。当闫志修的母亲闻讯赶来时，苏醒的闫志修凄切地叫了声“娘”，之后便跪在母亲的面前放声大哭。

杜振忠的这一段表演展现出了闫志修失去父亲后的悲痛欲绝，以及见到母亲时的心碎欲裂。

这时，义和团的团员准备去抢回闫志修父亲的遗体，可闫志修冷静地唱道：

大家休要再鲁莽，
暂把仇恨压胸膛。
按计划埋伏天罗网，
两狼沟诱敌兵杀豺狼。
待到天晴凯歌唱，
再祭亡灵告上苍。

杜振忠的这段唱腔生动饱满、铿锵有力、掷地有声、雄壮豪迈，有令人热血沸腾的震撼力。

官军和洋人在两狼沟中了闫志修的埋伏，只见闫志修大喊一声“杀!”，义和团的团员纷纷冲向敌阵，双方展开了激烈的战斗。只见闫志修身先士卒，奋勇杀敌，他枪挑官军和洋人的动作干净利落。

这段戏中杜振忠有一个耍枪花的片段，中间还夹杂着翻跟头和劈叉，行云流水般的舞台动作令人目不暇接。杜振忠的这手绝活儿充分展示了他深厚的武小生功底，令人印象深刻。

大获全胜后，闫志修站在山顶，只见他振臂一呼：“火烧洋教堂!”顿时，阳光穿透乌云，山边火光冲天。

杜振忠这个登高一呼的表演，不仅融入了冲天的豪迈，并且再次展现了闫志修这个人物的洒脱豪放和激情浩荡。

**（六）在第四届河北省戏剧节中荣获表演一等奖**

1995 年 10 月，杜振忠排演的历史剧《梁红玉》参加了第四届河北省戏剧节，他在剧中饰演韩世忠，最终荣获了表演一等奖。

我曾多次看过《梁红玉》的录像光盘，对杜振忠的表演深为感佩。在这出戏里，他在以下几处的表演中颇有新意、别具情韵。

1. 在“序幕”突围时

韩世忠身穿改良的剑衣，头戴发绺子，脚蹬虎头靴，手持大刀，满身血迹，从城墙上双腿跳下顺风起，与身负重伤的陈将军浴血奋战，其动作勇猛刚健。

河北省文化艺术奖

杜振忠同志：

荣获第四届河北省戏剧节表演一等奖。

特发此证

河北省文化厅

一九九五年十月

获奖证书

只见他双脚平稳落地后，立即跟金军开打，其猛烈断杀的动作又冲、又帅、又脆、又美。这时，伤势严重的陈将军吃力地对韩世忠说“金兵攻破城池，你……你速速杀出城去！”韩世忠扶住陈将军，果决地喊道：“不，我要与将军共生死！”陈将军猛地推开他，急切地说：“你我生死事小，杀出重围，速报军情事大！”韩世忠先是做犹豫不决状，接着忽然给陈将军跪下，之后猛然起身跃上城墙，当他再次回头看向陈将军时，陈将军已挥剑自刎，韩世忠悲痛欲绝、声嘶力竭地喊了声“陈将军”！

杜振忠的这段表演感情真挚、凄楚动人，将韩世忠对陈将军的那种不忍抛弃，以及韩世忠的血泪交织、不忍诀别、痛断肝肠表达得非常到位。

2. 在宋军军营时，韩世忠对梁红玉的那份相思、牵挂和爱慕

韩世忠头戴帅盔，身穿改良靠，脚蹬虎头靴，只见他心神不定、愁眉紧锁地走上舞台。此时，他正在回忆梁红玉给他包扎伤口时的含情脉脉，以及喂他药时的殷殷真情。他很是感慨与梁红玉的缘分，漫漫长路，他偏偏昏倒在了梁红玉所在的怡红院的门旁。茫茫人海，他偏偏就遇到了人美心美、文武全才的梁红玉。他用感恩的心看待这个缘分，心在，缘在，牵挂在。这时，紧随其后

的宋军副将范大槐粗声大嗓地劝慰道："韩将军，就凭你的文韬武略，即使遇到九天仙女，也不值得你犯这么大的愁呀!"韩世忠嗫嚅着说道："范副将，我……"见他欲言又止，范大槐说道："韩将军，我就见不得你这遭罪的样儿!茶不思，饭不进，也不喝庆功酒，值得吗?"见韩世忠没接话茬，范大槐又小声嘟囔道："还是个风尘女子……"韩世忠听了这句话顿时火起，恼怒地斥责范大槐："你……放肆!"紧接着，他又满含深情地说道："她虽人在风尘，却丝毫没有媚态。她是一个救人于危难之中，大义凛然的奇女子!"范大槐听了，诧异地看着韩世忠，眨巴眨巴眼睛，连忙致歉说道："是我说错了。"韩世忠谅解地叫了声："大槐。"随即他详细地向范大槐述说了自己爱上梁红玉的起因，他唱道：

突围之战受重伤，
失血过多昏倒在路旁。
她搀我，
躺床上，
撕破衣襟为我裹枪伤。
煎药汤，
亲口尝，
炉火映红她脸庞。
此情此景常思量，
似这样的好姑娘天下无双。

杜振忠的这段唱腔行腔流畅、高低自如、嗓音清脆、感情充沛、真挚动人，他所表现出的韩世忠对梁红玉的那份钟情和真爱让观众为之感动。

3. 韩世忠与梁红玉的隔空对唱，以及准备嫁娶时的激情演唱

梁红玉：（唱）相见之情实难忘，
　　　　　　　望断青山空断肠。
韩世忠：（唱）空断肠，
　　　　　　　实难忘，

相见时短情意长。

梁红玉：（唱）情意长，

将心附在白云上，

随风飘至他身旁。

韩世忠：（唱）心中想，

梦里望，

恨不得即刻娶她做新娘。

梁红玉：（唱）做新娘，

喜事降，

人成对来影成双。

二人的隔空对唱无论是演唱形式，还是演唱内容，都颇有新意，别具情韵。这时，舞台上的韩世忠和梁红玉突破各自的表演区走到一起。

韩世忠：（唱）天当被，

地当床。

梁红玉：（唱）军营大帐是新房。

韩世忠、梁红玉：（唱）同携手，

拜花堂，

做一对恩爱夫妻地久天长！

此时的韩世忠正在南征北战、居无定所，他不能给梁红玉高宅大院、丰厚聘礼和隆重的婚礼，只能是“天当被，地当床”。而梁红玉也不在意这些，非常愿意“军营大帐是新房”，这是因为她毫无条件地爱着韩世忠，爱他的文韬武略志气刚，爱他的舍身救国保家邦，爱他的铁血男儿热血汉，爱他的憨实敦厚实心肠。

二人的这段唱腔声情并茂，唱功了得，耐人寻味。

4. 当梁母问韩世忠为什么非要娶梁红玉时，他的回答颇有新意、别具情韵

当韩世忠与梁红玉二人深情对视，互相叫着对方的名字，正准备热烈地扑

向对方时，梁母却挤在了两人的中间。只见她表情严肃地对韩世忠说道："我来问你，天下女子多的是，你怎么非要娶梁红玉不可？"韩世忠坦诚地唱道：

女子心怀报国志，
六艺精通古来奇。
木兰忠义今得见，
愿与红玉比肩齐。

杜振忠的这段唱腔一方面回答了梁母的提问，另一方面表现出了韩世忠要与梁红玉喜结连理的坚定立场，让梁母看到了他的诚心与决心，从而得到了梁母的认可与支持。

5. 韩世忠在搭救梁红玉时

欲反宋投金的京口总兵苗庆垂涎梁红玉已久，趁韩世忠领兵在外之机，他不择手段地抓住了已是韩世忠夫人的梁红玉，想占为己有。韩世忠闻讯心急如焚，随即唱道：

风骤起，
事突变。

之后韩世忠风风火火地率领人马上了舞台。只见头戴帅盔、身穿改良靠、脚蹬虎头靴的韩世忠边做骑马、跑场、飞跪、趋步、劈叉等动作，边唱道：

心如焚策马再加鞭，
平叛贼救夫人刻不容缓，
率铁骑急奔驰力挽狂澜！

杜振忠的这段唱腔精彩绝伦，堪称绝活儿。只见他左手拿枪，右手拿马鞭，左腿在地上转圈，右腿弯着搭在左腿的膝盖上，接着枪平放在右腿的膝盖上，然后右手高高举起，边挥舞马鞭，边像陀螺一样单腿迅速转圈，同时还完成了这段唱腔。完成这段唱腔后，杜振忠又连续做了鹞子翻身、劈软叉等一系列高难度动作，着实让人拍案叫绝。

6. 在庆祝黄天荡大捷时，韩世忠酒醉舞剑

天幕上一轮弯月，背景是随风起伏的芦苇。头戴帅盔、身穿武小生大靠、脚蹬朝方厚底大靴子的韩世忠喝多了酒，醉意上涌，在范大槐的怂恿下，他踉踉跄跄地扔掉酒碗，抽出宝剑，借着酒劲儿豪情万丈地边舞剑边吟唱：

万里江淘不尽壮怀之色，
韩世忠抒不尽英雄之歌。
金兀术被困芦苇荡，
四面楚歌料他不能活。
几千兵胜万余众，
我用兵如神以少胜多。
我这剑，
青锋射，
指挥若定把敌酋搏。
老夫聊做少年狂，
可笑金兵难逃脱。
金兀术已成瓮中鳖，
待我常胜将军将他捉，
将他捉。

唱到这里，韩世忠挥剑指天，尽显青年才俊的英雄气概。

杜振忠的这段唱腔抒情大气、金嗓玉音、悠扬悦耳、高音明亮、低音委婉，高低起伏自如，功底深厚，让观众大饱耳福。面对他的醉意熏然，面对他的豪气冲天，面对他的狂放不羁，我不由暗自慨叹："春风得意锐气扬，一腔热血洒疆场。青春无悔多狂放，纵横驰骋好阳刚！"

**（七）在第五届河北省戏剧节中荣获优秀表演奖**

1999年1月，在第五届河北省戏剧节中，杜振忠凭借在新编现代戏《爹是

爹来娘是娘》中饰演的老好子一角，荣获优秀表演奖，该剧还荣获了剧目奖、编剧奖、舞美奖、作曲奖等多个奖项。

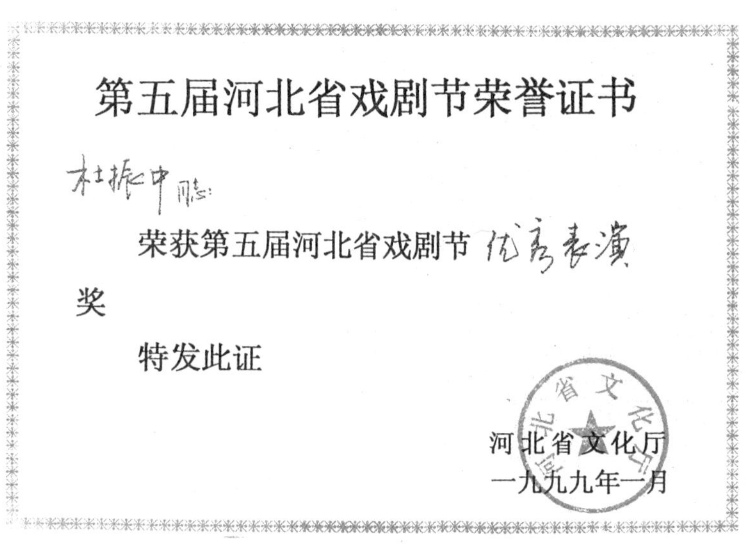
第五届河北省戏剧节荣誉证书

杜振中同志：

荣获第五届河北省戏剧节优秀表演奖

特发此证

河北省文化厅

一九九九年一月

荣誉证书

我曾经多次看过《爹是爹来娘是娘》的录像光盘，我觉得这是一出充满喜剧色彩的好戏，在深化现实主义方面取得了突出成就。杜振忠饰演的老好子在剧中以下的几处表演中诙谐幽默、元气满满、情趣盎然，让观众印象深刻。

1. 他演唱的“眼望着满圈猪”这段唱腔

老好子一出场就让观众眼前一亮，只见他上身穿浅蓝色长袖衬衣，外罩藏蓝色马甲，腰间系一条蓝底白点儿围裙，下身穿黑裤子，脚穿白袜、黑布鞋，整个人看起来干净利索，很接地气。身为养猪能手的老好子靠养猪发了家、致了富，他一手提着盛满猪食的桶，一手拿着葫芦瓢，用非常生活化的语言和肢体动作轰猪、喂猪，之后满面笑容地唱道：

眼望着满圈猪，

愁中有乐，

心中话没处讲，
向你们诉说。
我一家仨光棍儿，
光景难过，
谁不想娶老婆，
这老婆难娶，
无奈何呀！
我是又当爹来又当妈，
大权独揽，
我是缝缝补补浆浆洗洗，
趴锅燎灶刷锅洗碗，
家里家外上上下下，
样样都得等着我亲自动手干，
没人夺权，
也没人知我心中苦楚多。
喜得是春风吹进红石洼，
他哥儿俩办工厂在东山坡。
大干他培训班搞上对象，
没有这梧桐树凤凰怎落窝。
办工厂有贷款工作好做，
娶老婆钱不够，
我还得把众位小猪来拜托。
母猪啊，
母猪啊，
你生儿育女全仗我，
打草熬食供吃喝，
日夜伺候不怠慢，
事事没把你外着。
如今大干把婚事定，

你们可得多下崽，
快长膘，
换回钱来把彩礼置办多。

杜振忠在《爹是爹来娘是娘》中饰演老好子

杜振忠的这段唱腔风趣幽默、笑料横生、妙趣盎然，深受戏迷票友的喜爱，在民间广为传唱。我觉得这个唱段囊括了很多内容，一是反映出光棍汉老好子又当爹又当妈，把两个儿子拉扯长大很不容易，其悲美之美赢得了我的好感和尊重；二是老好子的豁达心态和对美好生活的不懈追求更是可敬；三是改革开放对山区的农民来说绝对是看得见、摸得着的实质性福音。

在这段戏里，杜振忠的表演沉着、从容、平实，他的神情就像一个普通的山民，虽然没有大幅度的肢体动作，但他靠亲切又略带诙谐的唱腔和表情，将一位“猪倌”演得活灵活现，唱得妙趣横生。

我通过与杜振忠交谈得知，他在排练、演出这场戏时，脑海里不时浮现出父亲当年喂猪时的情景和动作，再加上他小时候也打过猪草、喂过猪，所以舞台上轰猪、喂猪等动作一气呵成、连贯自如，且非常贴近实际、贴近生活，他展示出的自然、质朴、逼真的艺术魅力令人折服。同时，杜振忠演唱这段唱腔时，在牢牢地把握传统唱腔的基础上，通过认真分析老好子这个人物，然后加工提炼，去粗取精，发展创新，这才打磨出了这段独特风格的唱腔。

2. 他演唱的“让你倒贴两万八”这段唱腔

桃花妈嫌红石洼穷，觉得大干的家是红石洼的，也富不到哪儿去，所以坚决不同意桃花和大干的婚事。大干垂头丧气地回到家后，沮丧地告诉老好子婚事取消了。老好子听了儿子的诉说，又看到他一蹶不振的样子，先是愤愤不平地一跺脚，继而伸出右手，用力指向山后桃花家的方向，咬牙切齿地叫板：“桃花妈呀，桃花妈!”紧接着唱道：

红石洼，
变化大，
你蚂蚱的眼睛不忽眨。
木匠的儿子你凿死眼儿，
家雀子打架你瞎喳喳。
过两年你想往红石洼嫁，
让你倒贴两万八，
再加上三窝小猪娃。
老汉我若是高了兴，
让你这老东西也随嫁白搭。

杜振忠的这段唱腔展示出在贫困山区生活了半辈子的中年农民特有的诙谐幽默，戏剧感强烈，喜剧氛围浓厚，引人爆笑。同时，我觉得杜振忠的表演极富层次感。当时的老好子并不知道桃花妈就是小丫，因此怎么解气就怎么说，杜振忠在这个层面的表演很真实。作为一个纯朴农民的典型，老好子具有勤劳、朴实、坚忍不拔的优秀品质，当桃花妈要两万八的彩礼时，老好子想的是如今改革开放了，有了好政策，只要苦干、实干、拼命干，总有一天红石洼会富起来的，到那时他的钱包鼓了、底气足了、腰杆子硬了，非得让桃花妈倒贴两万八不可，杜振忠在这个层面的表演很生动。老好子是养猪能手，因此他在想着让桃花妈倒贴两万八的同时，还要再加上三窝小猪娃，而小猪娃在他眼里是比金银财宝还要贵重的嫁妆，杜振忠在这个层面的表演很贴切。

杜振忠就这样成功地将不服输的、有志气的、踏踏实实过日子的、热爱生活的、有信心改变贫困落后面貌的、敢于追求幸福的老好子演绎得入木三分、层次分明。

3. 他演唱的“母猪哇你的贵体多保重”这段唱腔

二干替哥哥交了两万八的彩礼，桃花妈这才同意了大干和桃花的婚事，于是二干兴高采烈地跑回家，将喜讯告知了老好子。老好子听后，夸二干有本事，比大干聪明。大干知道后一再追问弟弟是怎么回事，二干不得已才说出了实情。大干觉得贷款娶媳妇丢人，让二干把彩礼要回来，还说这是给小工厂买机器设备贷的款，不能当作彩礼挪用。老好子急忙阻拦二干：“你千万别把彩礼要回来，这好不容易桃花妈才同意了婚事，咱们再想想别的办法，尽快还上这笔贷款吧！”只见老好子拍拍脑门儿，突然有了办法，他乐呵呵地来到猪圈旁唱道：

猪呀猪呀，
你听我说，
老好子有事来拜托。
小猪小猪快长大，
膘肥体壮又活泼。
母猪哇你的贵体多保重，
你再努力多下它几窝。
帮我把难关来度过，
你们就是我们家的财神爷爷和财神奶奶，
我尽心伺候你们吃与喝。

杜振忠的这段唱腔颇具幽默，元气满满，情趣盎然，魅力无限。不仅显得非常真实，还非常符合人物性格，与人物的生活习惯、思维方式极为一致，表现出了人物最真实的一面。究其原因，我认为是因为老好子的那份顽强与坚守与杜振忠很像，所以杜振忠才把老好子这个人物演绎得如此鲜活。

4. 他回味青葱岁月的美好时

当老好子和桃花妈为儿女的婚事相遇时，镜头闪回到了20年前。在大炼钢铁的年代，老好子和桃花妈小丫，他们的脸颊随炉火晕染，红光满面，靓丽俊秀，浑身散发着满满的正能量。二人形影不离、挥汗如雨，昼夜不停地奋战在小土灶炼钢炉前。身穿鲜红背心、毛蓝裤子的老好子抡起大锤，把铁锅砸成碎片，身穿格子上衣、梳着长辫子的小丫拉着风箱。老好子觉得小丫这个姑娘美丽善良、勤劳勇敢，小丫觉得老好子这个小伙儿心地憨厚、踏实能干。如此纯净又明朗的场景，让人觉得他们说的话都是最纯粹的话，他们唱的歌都是青春之歌，他们谈的理想和未来都是最美妙的梦。

杜振忠的这段表演无论是语言、动作，还是神情，都与想要表达的思想、情绪、气氛非常吻合，显得生动、有力，且富有诗意。

5. 他演唱的“双雁高飞要拆散”这段唱腔

当老好子和小丫边炼钢铁边互诉爱慕之情时，小丫家里突然出了事。小丫的爹重病卧床多年，加上在大食堂吃不饱，导致病情恶化，又没钱医治，眼看就要扛不住了。小丫的娘由于着急上火也病倒了，一条炕上躺着两个身患重病的老人，形势变得非常危急。小丫的二舅从深山的一个农户家借来了两口袋救命的土豆，但农户提出一个条件，要小丫嫁给他的儿子，并且以防夜长梦多，要求第二天就结婚，二舅为了救姐姐、姐夫的命，当场答应了这桩婚事。二舅回来告诉小丫后，小丫死活不从，但二舅让她以保住爹娘的性命、保全家庭为重。小丫找到老好子哭诉，老好子听后顿时没了精神，满脸愁云惨雾的他，哭腔甚浓地唱道：

双雁高飞要拆散，
我呼天我喊地，
呼天喊地怨天怨地，
这双雁也难成全。
我空有浑身力，

空有心一片，
空有情和意，
空将热泪弹。
这真是一粒米、一把面，
难倒英雄汉，
两口袋山药蛋，
也能够拆散美好姻缘。
我无能为她爹娘解脱危难，
我无力将小丫留在身边，
我算什么男子汉，
忍痛违心对她言。

唱到这里，老好子重重地叹了口气，然后万般无奈地对小丫说道："要是能救你爹娘的命，你就去吧!"小丫听后哭着跑了，老好子望着小丫远去的背影，大声喊了声"小丫"，喊得撕心裂肺、痛断肝肠。

杜振忠的这段表演分寸把握得非常准确，展现出了贫困山区青年的纯朴与厚道，让观众们看到了美好理想与残酷现实之间的矛盾，看到了老好子在痛苦的漩涡中无效、无果、无可奈何地挣扎，也仿佛看到了老好子遭到重创的心灵在滴血。总体来看，杜振忠的这段演绎张弛有序、表达得当，完美地塑造了青年时期老好子的舞台形象。

6. 他与小丫喜结连理

当老好子和小丫为了儿女的婚事再度重逢时，二人已是人到中年。当二人相互认出对方时，顿时百感交集、悲喜交加，情不自禁地相拥而泣。最终，二人再续前情，携手踏上了追求幸福的新征途，开始了崭新的生活。8个大红喜字随着欢快的曲调在舞台上亮相，喜庆的色彩把气氛渲染得红火热烈。在喜气洋洋的氛围中，老好子含情脉脉地牵起小丫的手，脸上带着踏实的微笑，这一幕深深地印刻在了观众们的脑海中，顿时掌声雷动。

我每当看到这么美好的结局时，心里都会情不自禁地慨叹：时间攒下了真挚的友谊，岁月沉淀了美好的回忆，就让友谊和爱情同在，让美好和快乐永存吧！缘分万金难求，珍惜今生拥有，但愿时光不老，彼此相爱永久！

我想，正是因为杜振忠演活了老好子这一角色，才使得《爹是爹来娘是娘》这出戏元气满满、情趣盎然、魅力无限，成了一部融思想性、艺术性和观赏性于一体的精品佳作。同时，我认为杜振忠在剧中的表演有着令人耳目一新的突破，是他艺术长河中的又一个激越铿锵的音符，他的演技又达到了一个新的高度。

**（八）在河北省第三届戏剧演唱“燕赵红梅奖”大赛暨保定市第五届古城戏剧节中荣获表演一等奖**

2006 年 10 月，杜振忠凭借在《金沙滩》中饰演杨继业一角，在河北省第三届戏剧演唱“燕赵红梅奖”大赛暨保定市第五届古城戏剧节中荣获表演一等奖，使得他的人气再次飙升，成为广大观众眼中不可多得的老调名家。

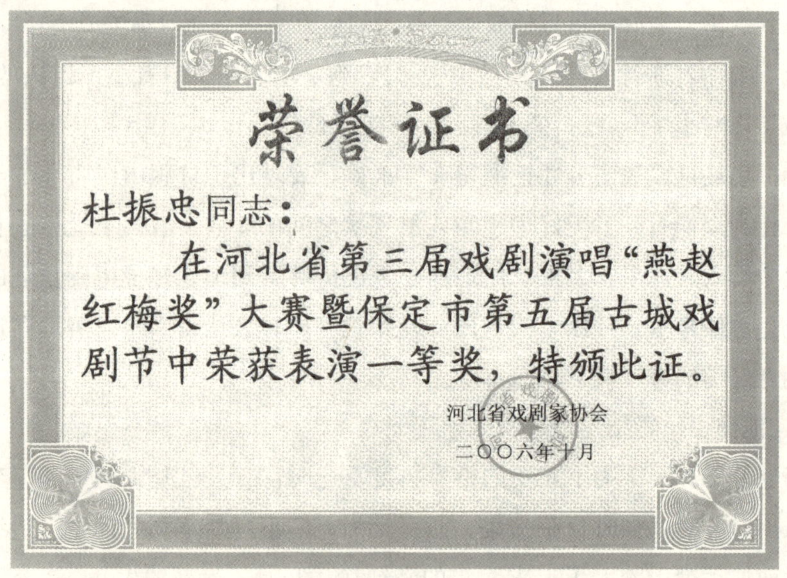
荣誉证书

杜振忠同志：

在河北省第三届戏剧演唱“燕赵红梅奖”大赛暨保定市第五届古城戏剧节中荣获表演一等奖，特颁此证。

河北省戏剧家协会

二〇〇六年十月

荣誉证书

在《金沙滩》这出戏中，根据角色的需要，文武小生杜振忠需要大胆跨界，挑战文武老生这一行当。虽然压力很大，但杜振忠觉得压力也是动力，并且正好可以借这个机会多经历舞台的洗礼，多享受戏台的魅力。

老生扮相的杜振忠一出场，立刻给人耳目一新的感觉，再加上他极具穿透力的唱腔，对观众来说是一种高级的艺术享受。

杜振忠在《金沙滩》中饰演杨继业

1. 他表演的“夜读兵书”片段，忧国忧民，感人肺腑

杨继业身穿黑色斗篷，头戴改良帅盔，脚蹬厚底大靴子，白三绺髯口闪着银光，格外醒目，不禁让人想起“老骥伏枥，志在千里。烈士暮年，壮心不已”的诗句。夜深人静，万籁俱寂，杨继业思潮汹涌、感慨万千，难以入睡的他来到院子里的灯笼下读兵书。读着读着，他把兵书攥在手中，重重地叹了一口气，忧心忡忡地唱道：

杨继业在雄州夜读兵书，
秋风紧烛影动心神不宁。
那一日在京师潘豹设擂，
持小计仗父威打死多人。
七郎儿气不平立劈潘豹，
潘仁美告御状要我儿抵命。
多亏了八贤王据理力谏，
七郎儿才得以死里逃生。
万岁爷将我削官永不录用，
全家人逐出京城发配到边庭。
现如今虽说是戴罪身无职无位，
社稷安危常挂在心中。
闻辽兵反幽州我主亲征，
耳边厢似听得铁马嘶鸣。
为武将不能够随王征战，
心焦躁似猛虎被囚牢笼。

在这个片段里，杜振忠十分注重对人物精神气质的刻画，演唱声情并茂，动作利落洒脱。杜振忠的这段唱腔完美地运用了胸腔共鸣，高音区华彩响亮，中低音深沉厚实，表现出了强大的内在力量，让观众感受到了杨继业忠君爱民的博大情怀。

2. 他表演的“深夜练武”片段，孔武有力，感人肺腑

杨继业唱完“社稷安危常挂在心中”这个唱段后，重重地叹了一口气，然后脱下斗篷，开始在院子里练武。只见杨继业穿着不扎靠旗的改良靠，精干利索，毫无老态，他用手理顺了一下白三绺髯口，接着挺直腰板，开始舞动两个石碾子，一招一式，十分严谨，且孔武有力、遒劲奔放。

这个片段是文武老生的“硬菜”，极其考验功底，而杜振忠却是演绎得精彩绝伦，不仅塑造了杨继业作风正派、品德高尚、光明磊落、胸襟豁达的高大形象，还让观众感受到了杨继业文武兼备的军事才能。

3. 他演唱的“事重大还需与太君商量”唱段，柔肠百转，感人肺腑

杨继业刚舞动完石碾子，呼王爷便风风火火地前来搬救兵，他把圣旨交给杨继业，让杨继业自己读圣旨。杨继业虔诚地单腿跪地读圣旨，只见他先是一惊，紧接着唱道：

读圣旨杨继业心潮激荡，
闻我主陷虎口处境不祥。
我本当救圣驾火速前往，
事重大还需与太君商量。

杜振忠的这段唱腔中气十足，细腻沁人，昂扬豪放，感人至深。杨继业很爱自己的妻子佘赛花，并且非常尊重她，每逢重大事情都要与她商议，杜振忠演唱的“事重大还需与太君商量”一句充分体现出了杨继业对妻子的挚爱、器重与尊重，令人感动不已。

4. 他表演的“辞别太君”片段，深情款款，感人肺腑

杨继业披挂整齐，头戴改良帅盔，扎着黄色靠旗，身穿黄色大靠，手持大刀，雪白髯口，格外耀眼。他首先对佘太君和众儿郎表明了自己的态度，要立即率领杨家众儿郎火速赶往幽州救驾。众儿郎众说纷纭，七嘴八舌，意见不一。佘太君当即表态：“我杨家保大宋冲锋陷阵，到如今却落得削职为民，叫人好不心寒。今日里番兵来犯境，山河破碎，生灵涂炭，民不聊生，救圣驾保江山义不容辞！”佘太君的肯定与支持，使杨继业精神振奋，他频频向佘太君点头，以

表谢意。

杜振忠的这段表演让人感受到真正的夫妻恩爱不在于信誓旦旦的承诺，不在于花前月下的卿卿我我，而是只需要两颗心的自然融合，继而达到相互信任、相互支持、步调一致的境界。

杨继业即将出征之时，佘太君叮嘱道："此一去幽州城山高水险，救我主脱虎口重任在肩，我把这生龙活虎的八个儿托付给你，盼你巧运筹破番兵齐唱凯歌还。"杨继业动情地紧紧握住佘太君的双手，久久不愿松开，同时目不转睛地凝视着佘太君。此情此景，感人肺腑，催人泪下。

杜振忠的这段表演情真意切，有格局，有情调，有境界，有人间烟火气，有人情味儿，达到了"此时无声胜有声"的效果。

佘太君亲自牵马坠镫为杨继业壮行，只见杨继业英气勃勃地接过马鞭，然后帅气十足地飞身上马，率领杨家军浩浩荡荡地奔向幽州城救驾。

杜振忠的这段表演彰显了忠良将履职尽责、矢志不渝、披荆斩棘、一往无前的精神姿态。那神采奕奕，那意气风发，那大气磅礴，那铿锵豪迈，那雄壮的军容，那高昂的战斗情绪，不禁让人想起南宋辛弃疾的"马作的卢飞快，弓如霹雳弦惊"。

5. 他表演的"献计"片段，光明昭昭，感人肺腑，催人泪下

杨继业率领满腔忠诚的杨家军杀进幽州城，赢得硕硕战果。呼王爷在宋王面前夸赞杨继业和杨家众儿郎："老令公挥舞大刀，好似神兵到圣前。七郎八虎显神通，奋勇当先，杀得番兵魂飞魄散胆战心寒。"宋王听了龙心大悦，笑容满面。这时，辽邦派人前来议和，邀请宋王去赴双龙会。杨继业觉得这个双龙会有诈，对宋王说"不能去"，但宋王一时找不出拒绝的理由。杨继业一番思索后，向宋王献了一计，他唱道：

昔日里汉高祖被困荥阳，
为救主纪信他假扮刘邦。
现如今情势急难顾及欺君犯上，
臣保举一人假扮宋王。
金沙滩去赴双龙会，

万岁爷趁机突围返汴梁。

杜振忠的这段唱腔音质浑厚，吐字坚实，喷口有力，气息饱满，让观众再次看到了杨继业的大局意识、大气姿态和智勇双全。

宋王采纳了杨继业的这个计策，之后杨继业仔细打量众儿郎，觉得杨大郎跟宋王长得最像，便极其果断地做出决定，要杨大郎假扮宋王，杨二郎假扮八王，杨三郎、杨四郎、杨五郎、杨八郎等人也全都乔装改扮，随杨大郎共赴金沙滩双龙会。杨六郎、杨七郎随杨继业护驾，掩护宋王和八王突围，确保宋王和八王平安撤回汴京。

杜振忠的这段表演果断坚定、从容不迫、刚性十足，那种不容商榷的姿态感人肺腑、催人泪下。

6. 他表演的“被困两狼山”片段，凄切苍凉，感人肺腑

为了掩护宋王和八王突围，被困在两狼山的杨继业已经两天两夜没有合眼，在内无粮草、外无救兵、饥寒交迫的情况下，他软塌塌地坐在山石上，满脸沧桑疲惫。四周景物苍凉萧瑟，一派肃杀，孤苦伶仃的杨继业凄切地唱道：

寒风萧瑟天气凉，
草木摇落露凝霜。
远山枫栌染碧血，
长天雁阵自成行，
此情此景令人凄惶。
延平儿扮王驾双龙赴会，
六兄弟闯虎口九死一生。
六郎七郎随为父保护圣驾，
出重围又遭韩昌退兵。
我与七郎儿断后御敌，
派六郎保万岁撤回汴京。

杜振忠的这段唱腔充分运用了老调戏曲语言的优势，运用老调的本嗓唱法，

唱腔深沉大气、低回婉转、苍劲凄凉、悲壮醇厚。其做派细腻入微，每一个动作都交代得清清楚楚，环环相扣，层层深入。我通过了解得知，为了塑造好杨继业这个艺术形象，杜振忠下了很大功夫，他采用多个地方戏剧中的老生表演技巧，既把杨继业老弱的神态表现了出来，又考虑到杨继业毕竟是员武将，常年征战沙场，不能给人老态龙钟的感觉。杜振忠通过细致的表演和准确的唱念，把人物的内心世界体现得淋漓尽致。

7. 他表演的“怒斥辽邦使臣”片段，气壮山河，感人肺腑

辽邦使臣来劝降，他告知杨继业：“杨大郎已替宋王受死，杨二郎短箭下命赴阴曹，杨三郎被马踩尸骨难找，杨四郎失落番邦无有下落，杨五郎五台山割发修道，杨六郎单人独马保定了宋王回到了南朝，潘仁美与你杨家有仇恨，想害你杨家绝根断苗，不但不发兵来救你，还乱箭射死杨七郎，如今只剩下你一个人被困在这里，只困得外无救兵，内无粮草，盼兵兵不到，盼子子不归，肖银宗人马层层包围，难道说，你就束手待捕吗?”杨继业听到这里，顿时口吐鲜血，悲痛欲绝的他大放悲声，凄厉地哭喊着“儿啊，我的儿……”之后瘫倒在地上。

杜振忠的这段表演非常生动，感人肺腑，催人泪下。

辽邦使臣见状，急忙许下诺言：“只要你杨继业像前朝李陵那样投降番邦，定给你高官厚禄，让你尽享荣华富贵。”坚贞不屈的杨继业颤颤巍巍地站起身，只见他拿起大刀，一步一步走上山崖，拼尽全身力气把大刀往岩石上一戳，开始怒斥辽邦使臣。随着器乐的铿锵伴奏，剧情发展到了高潮，杨继业唱道：

说什么高官厚禄受恩宠，
说什么富贵荣华享半生。
我杨继业一世忠良保大宋，
岂能够变节求荣留骂名。
拼下这一腔忠良血，
继苏武，唾李陵，
千秋万世永垂丹青！

杜振忠的这段唱腔慷慨激昂、高亢奔放、掷地有声，不禁让人想起南宋文天祥的“人生自古谁无死，留取丹心照汗青”。

唱段结束，杨继业高高举起大刀，威严亮相。杜振忠的这段表演尽显杨继业的英雄气概。

8. 他表演的“碰碑”片段，撼天动地，感人肺腑

杨继业怒斥辽邦使臣后，只见他轻轻放下宝刀，迈着平稳的步子来到李陵碑前，想到自己的处境竟然跟前朝的李陵颇为相似，不由地感慨道：“我杨继业宁可碰死石碑上，也不愿像你李陵那样投降变节，我即便死，也要将血喷洒在你立的石碑上！堂堂宋家将，一生秉性刚，宁肯碰碑死，岂可把贼降！”于是，杨继业拼尽全身力气，猛然撞向石碑，杨继业用自己的一腔热血表达了对国家的热爱。杨继业死前匍匐在地上，胳膊微微抬起，手指向远方呼喊着“七郎，我儿”，此情此景令观众为之动容。

每当看到这个桥段，我都仿佛看到白发飘零的杨继业与自然、与天空、与山谷融为一体，那意境是如此的缥缈悠远；每当看到这个桥段，我都心潮澎湃，慨叹不已：两狼山壑添锦色，义薄云天印夕阳。枫栌浸染漫山红，冬去春来好风光！

在《金沙滩》这出戏里，杜振忠凭借自己的高超演技，将老生的苍劲醇厚演绎得淋漓尽致，将杨继业的人物形象演绎得惟妙惟肖、生动感人。杜振忠扎实的表演功底和帅气的舞台形象赢得了观众的广泛喜爱，吸引了一批又一批的戏迷票友，人气更是不断飙升，演艺事业迎来了一个新的发展阶段。

《金沙滩》的全体剧组人员与全国政协考察团及保定市领导合影

# 五、演技精湛

### （一）在新编历史剧《直隶总督唐执玉》中的表演深受观众的追捧

杜振忠在《直隶总督唐执玉》这部剧中饰演的唐柯给观众留下了深刻的印象。舞台上的唐柯身着长衫，留着长辫，慈眉善目，文雅洒脱，知书达理，气质不凡，举手投足间颇有他父亲的风仪。杜振忠在剧中的表演拿捏得当、恰到好处，他所表现出来的主人公的那种善良、厚道让人感慨良多。

《直隶总督唐执玉》剧照（左为杜振忠，右为年登攀）

1. 唐柯助人为乐的精神令人敬佩

在“序幕”中，唐柯去京城赶考的途中突然电闪雷鸣，大雨倾盆，洪水迸发，众多百姓在洪水中拼命挣扎。民女小桃呛水昏厥，眼看就要有生命危险。岸边的唐柯见此情景，急忙脱去长衫，跃入水中，奋力将小桃救上堤岸。小桃渐渐苏醒，唐柯见她冻得瑟瑟发抖，赶忙捡起自己的长衫披在了小桃的身上，并将自己随身携带的银两赠予小桃，随后二话没说，起身告辞。小桃手捧银两，猛然跪地，朝着唐柯远去的方向含泪而望。

杜振忠的这段表演虽然没有台词，却让人印象深刻。他将唐柯纯洁的心灵，以及助人为乐的精神演绎得恰到好处。

2. 做好事不留名的唐柯令人感动

舞台上，天刚蒙蒙亮，在总督官邸的书斋，身穿带有补丁的粗布便服的唐执玉躬身伏案，正在灯下批示公文。唐夫人来到书斋，吹灭灯烛，心疼地说道：“老爷又是一宿没睡。老爷病未痊愈，连日操劳，不分昼夜，还要保重身体呀!”唐执玉说道：“我一个臣子，受到皇上如此重用，唯此知遇之恩，实令为夫感激涕零，我定将鞠躬尽瘁，死而后已。”唐执玉说到这里，突然又是一阵咳嗽，唐夫人急忙给他捶背。唐执玉深呼一口气，这才止住咳嗽。唐夫人说道：“咱们的柯儿赴京赶考已有多日，也该回家了。”唐执玉说道：“我心里也十分惦念柯儿。”唐夫人说道：“咱们的柯儿从小就聪明灵慧、勤奋好学，定会金榜题名。”这时，唐柯风尘仆仆地回来了，只见他满脸愧色地说道：“孩儿无功而返，还请二老饶恕。”唐执玉顿时神色大变，急切地问道：“是榜上无名?”唐柯低头答道：“是没赶上科考。”唐执玉震怒，斥责唐柯说道：“你……大比之年，三年一考，关键时刻，临阵退缩，怎不叫为父心焦!”唐柯将他的遭遇如实禀告，他唱道：

孩儿赴京去赶考，
中途洪水浪滔滔。
乌云密布连天雨，
一浪更比一浪高。
实因为洪水阻儿道，

才致使误考期往返徒劳。

唐执玉听后无奈地叹了口气，说道：“既然如此，那就把给你赴京赶考的盘缠钱还给我吧。”唐柯先是怔住，之后为难地唱道：

有心将救人事对父来禀告，

区区事不必要使人昭昭。

唐执玉见儿子吞吞吐吐，便干脆地对儿子说：“快把进京的银两拿出来，我要捐给灾区百姓。”唐柯此刻心乱如麻，不知所措，无功而返已使他非常内疚，父亲的训斥使他越发地心神慌乱，真的是不知如何应对父亲的“催款”。此时唐夫人说道：“老爷，你还要捐吗？你的俸银十之六七都捐给了灾民，剩下的俸银已难以维持日常生计，咱们整日布衣素食，难道连柯儿手头的那点儿碎银你也要捐了吗？”唐执玉说道：“大灾之年，几两碎银就能救活几条人命啊！”唐柯说道：“父亲，孩儿也知此理，孩儿已将剩余银两资助了落难百姓。”唐执玉不相信，指着唐柯的鼻子说道：“你倒会见风使舵，顺水推舟！”老实厚道的唐柯一时语塞，不知说什么好。由于他做好事没有留名，也不知道搭救的姑娘家住哪里、姓甚名谁，因此他实在无法向父亲讲明真相。他想了想，嗫嚅道：“如果父亲执意不肯相信，孩儿也无话可说，愿受任何处置。”唐执玉无奈，长叹一口气后，急忙赈济灾民去了。

杜振忠的这段表演将唐柯的那份善良表现得淋漓尽致，让人感到无比的温暖。

3. 唐柯的以孝为先，令人感佩

唐执玉不相信唐柯把进京赶考的盘缠资助了灾民，这使得唐柯心事重重，十分郁闷。这时，师爷王世慧和知州吴雨庆来给唐执玉送礼，没想到唐执玉将他们送的礼充了公，赈济了灾民，还将他们严厉斥责了一顿。二人憋了一肚子火没处发泄，此时他们见到了唐柯，阴险狡诈的王世慧想要拿唐柯撒撒气，于是他别有用心地问道：“公子，因为何事忧愁悲伤？”涉世未深的唐柯无奈地答道：“唉，只因我进京赶考，路遇洪水，搭救一落水女子，见她贫弱交加，故解囊相助。”王世慧假意奉承，说道：“公子的所作所为真乃见义勇为之壮举，实在令人钦佩。”唐柯说道：“可是家父却不信儿言，向我讨要进京银两捐助受灾百姓，我一时无能为力，故此心情烦闷。”吴雨庆对王世慧的打算早就心领神会，此时见有机可乘，便配合着王世慧插言说道：“公子不必烦闷，本官愿解公子燃眉之急，这是一张银票，还请公子收下。”唐柯急忙推脱，王世慧则是极力怂恿地说道：“公子，这位官员也不是外人，他乃老爷之属下，直隶知州吴大人。”唐柯听后很有礼貌地施礼，说道：“拜见吴大人。”心怀鬼胎的吴雨庆说道：“公子舍生忘死，救人于水火之中，本官实在是佩服得五体投地，这张银票权当敬意。”唐柯仍然推脱，说道：“不可，不可，平日家父管教甚严，收人钱物必遭斥责！”王世慧说道：“此银票如若公子执意不收，也可改为借用。”唐柯犹豫不决地说道：“这……”王世慧又说道：“先将银两还给老爷，解他忧虑，老爷病体欠佳，可别惹他生气。”之后王世慧和吴雨庆二人硬把银票塞到唐柯的手中。唐柯想起重病在身可仍在坚持工作的父亲，想起通宵达旦批公文、不停地咳嗽、脸色苍白如纸的父亲，想起把赈济灾民当作头等大事来抓的父亲，他没再推辞，于是收下银票，写了借据，决定先把银两还给父亲，以解燃眉之急。等想到办法，有了银两，再还给王世慧和吴雨庆二人。

杜振忠的这段表演细致入微，唐柯为了帮助父亲赈济灾民，不得已才接受了王世慧和吴雨庆二人的银票，表现出了唐柯的一片孝心。

4. 唐柯“愿受律法处刑”的态度，再次展现了他的端正人品

舞台上，牢房的窗外弯月悬空，清冷的月光穿透铁窗，洒满房中。唐柯遥望月空，心如刀绞，他凄凄切切地唱道：

举目望寒星，
夜已深，
人已静，
万籁寂无声。
一场梦未醒，
深陷囹圄中。
叫天天不语，

唤地地无声，
心如波浪涌，
谁来听涛声。

唱到这里，唐柯一脸凄苦地坐在木凳上，呆滞的眼神表达出他内心的万般凄苦和无限幽怨。

杜振忠的这段唱腔每句词都处理得情真意切，将人物的内心世界刻画得真实且细腻。

唐柯的父母前来探监，他急切地掏出银票，对父亲说道："父亲，我没有受贿，这是吴雨庆借给我的银票，我是写了借据的。"唐执玉痛苦不堪地说道："你可知道这银票上沾满了百姓的血泪？柯儿啊，你中了别人的圈套，已经涉案，成了嫌犯。"唐柯听完父亲的话，猛然一惊，唱道：

进京赶考遇水患，
波浪汹涌岸无边。
民女水中遇危险，
跳入水中救她命生还。
离别时将盘缠留与相赠，
东西两分没留言。
回家后遭斥责心绪烦乱，
见您又要为灾民把款捐。
平日里粗茶淡饭，
又见您粗布衣补丁新添。
情急之下做决断，
待来日渡难关再把债还。

杜振忠的这段唱腔重在唱情，表演细腻，富于激情，且内涵丰富，一是将事情的经过如实禀告给了父亲，二是把回家后的心理也如实相告，三是表达出了对父亲的仁孝之情，唱得情真意切，令人动容。

这时，唐夫人跪在唐执玉面前为儿子求情，她含悲忍泪地唱道：

老爷你离家在外为官，
从未往家捎过钱。
柯儿他饿了吃的是百家饭，
困了田间地埂眠。
童年他曾经历多少磨难，
少年时才来到咱们身边。
求老爷念亲情网开一面，
救柯儿回家转阖家团圆。

唐执玉将夫人搀起，感情极为复杂地唱道：

恨赃官施诡计不择手段，
柯儿他受欺骗招惹祸端。
被人当作挡风伞，
至今蒙在鼓里边。
柯儿若不是总督子，
他们怎肯送银钱，
贪官只为他们贪污赈灾款来遮掩。

唐柯听了父亲这番话，顿时醒悟，急忙问道：“父亲，您说我该怎么办?”唐执玉语气沉重地说道：“到公堂之上讲明事实缘由，同时还要接受律法的处刑。”唐柯毫不犹豫地说道：“父亲，孩儿愿受律法处刑。”最终唐柯接受了律法处刑，被发配边疆。

杜振忠的这段表演表现出了唐柯看透之后的不言、看淡之后的不争，是为人的气度，更是做人的洒脱。

在《直隶总督唐执玉》这出戏中，杜振忠把一个纯粹书生的正直、善良、仁孝、柔情演绎得恰到好处，表现出了震撼人心的精神力量，令人感佩。

### （二）在一系列演出活动中受到社会各界的广泛赞誉

1. 河北春晚演出

（1）1988 年，杜振忠作为特邀嘉宾参加了河北省第一届春节晚会，演出了《红衣仙子》选场，剧中他饰演太守的公子时廷芳。剧中的杜振忠扮相英俊，尽展风流，以情带声，声情并茂，身段扎实优美，洒脱细腻，唱腔别具韵味，嗓音甜润，发音准确，吐字清晰，行腔委婉，深受观众的喜爱。

（2）1989 年，杜振忠应邀参加了河北电视台举办的春节晚会，演出了《盘夫》选场，剧中他饰演曾铣之子曾荣，获得了观众的一致好评。

（3）1990 年，杜振忠应邀参加了河北电视台举办的春节晚会，与著名京剧演员李胜素、张建国、李海燕同台演出了《八音茶园》中的《砸銮驾》一折，深受观众的欢迎。

（4）1995 年，杜振忠应邀参加了河北电视台举办的春节晚会，演出了《梁红玉》选场，剧中他饰演韩世忠。杜振忠文武兼备的绝佳演技再一次轰动省城，成为观众津津乐道的热门话题。

杜振忠参加河北电视台春节晚会合影

2. 进京演出

（1）1992 年 1 月，应中国戏剧家协会的邀请，杜振忠带领剧团到北京市工人俱乐部进行演出，演出的剧目有新编历史剧《秦廷之乱》和《义斩皇叔》、新编近代剧《乡间怒火》、新编现代戏《痒痒挠》等。此次演出有中央电视台现场录像，《人民日报》《光明日报》等报刊陆续刊载了评价文章，一时好评如潮。这 4 个剧目是为落实文化部提出的“弘扬民族文化，振兴民族戏曲”精神，用了一个多月的时间不分昼夜地赶排出来的，在保定首演后得到了相关领导的充分肯定，受到了观众的一致好评。后来到石家庄演出时引起了极大的轰动，中国戏剧家协会的领导知道后，为了丰富京城人民的文化生活，特邀杜振忠带领剧团进京演出。

（2）1995 年，应中国戏剧家协会的邀请，杜振忠再次带领剧团进京演出，此次演出的剧目是《梁红玉》和一台折子戏，观众好评如潮，杜振忠自此享誉京城。

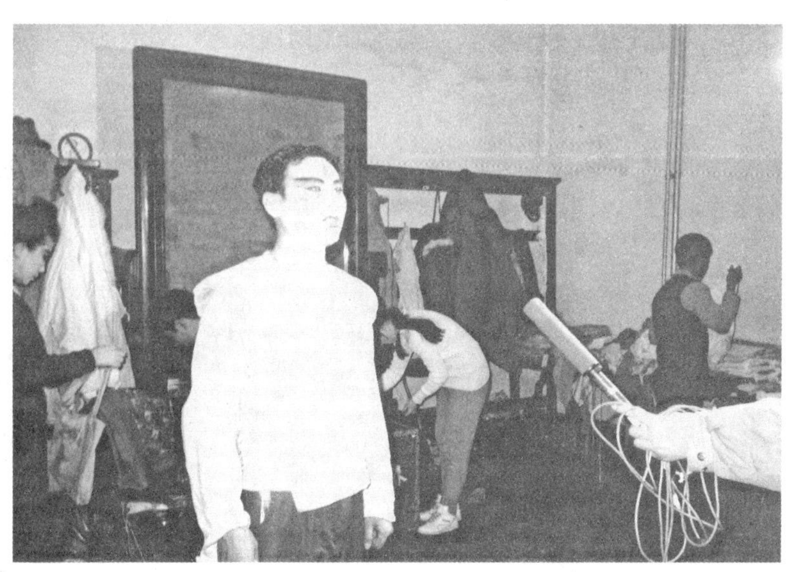

杜振忠接受北京电视台的采访

（3）2007 年 8 月 8 日，应北京奥运会组委会文化活动部的邀请，杜振忠第三次带领剧团进京演出，参加了在北京天安门广场举行的北京 2008 年奥运会倒计时一周年大型庆典晚会，受到各界人士的好评。

杜振忠参加北京 2008 年奥运会倒计时一周年庆祝活动

（4）2007 年 11 月 27 日，应全国政协京昆室的邀请，杜振忠第四次带领剧团进京演出，参加了在全国政协礼堂举办的中国梆子艺术展演活动，演出的剧目是老调《潘杨讼》，再次享誉京城。

杜振忠参加中国梆子艺术展演活动

3. 在中央电视台录制的诸多大戏中担任重要角色

（1）2000 年，杜振忠先行参加了中央电视台录制的老调大戏《潘杨讼》（饰演宋王）、《忠烈千秋》（饰演宋王）、《拒马令》（饰演康熙）、《梁红玉》（饰演韩世忠）、《红衣仙子》（饰演时廷芳）等 5 个剧目，这些剧目全部被载入了中央电视台的“中国戏剧精品库”，并在中央电视台戏曲频道的《名家名段》栏目连续播出，在全国引起了强烈的反响。

（2）2007 年 9 月 28 日，杜振忠组织王贯英、辛秋花、毛素欣等 7 名国家一级演员参加了中央电视台录制的《潘杨讼》（饰演宋王）、《盘夫》（饰演曾荣）等 12 个剧目，并在中央电视台戏曲频道陆续播出，在全国范围内引起了轰动。

《盘夫》剧照（左为毛素欣，右为杜振忠）

（3）2008 年 7 月，杜振忠组织剧团演员参加了中央电视台的节目录制，节目共有 9 集，每集约 40 分钟，收录了《潘杨讼》《忠烈千秋》等 10 余个剧目，并在中央电视台戏曲频道陆续播出。节目播出后，得到了各级领导和广大观众的密切关注和高度赞誉，使保定老调更加深入人心。

《忠烈千秋》剧照（左为杜振忠，右为辛秋花）

保定老调剧团的演员与中央电视台的工作人员合影

(4) 2009 年 4 月 10 日，应中央电视台的邀请，杜振忠和毛素欣、韩红欣一起录制了《盘夫》全剧。剧中，杜振忠饰演公子曾荣，毛素欣饰演小姐严兰贞，韩红欣饰演丫鬟飘香，中央电视台戏曲频道连续播出了 5 天，受到全国观众的好评，同时也为老调留下了较为完整的宝贵视频资料。

杜振忠在《盘夫》中饰演曾荣

《盘夫》剧照（左为毛素欣，右为杜振忠）

4. 在艺术展演活动中获得成功

(1) 2009 年 9 月 28 日至 30 日，杜振忠带领精英团队受邀赴香港参加了中国北方梆子艺术展演活动，在香港大会堂演出了《周仁献嫂》《盘夫》两个剧目的选场，连演 3 天，座无虚席。会堂里震耳欲聋的掌声、喝彩声不断，精彩的演出极大地震撼了现场的观众。

《盘夫》剧照（左为杜振忠，右为毛素欣）

赴港演出之前，杜振忠带领团队先在广州市进行了彩排和预演。其间，得到了中国著名粤剧艺术大师红线女的热情接待和艺术指导。

9 月 26 日，在广州市举办的预演大获成功，剧场里掌声、喝彩声此起彼伏，给广州戏迷留下了深刻印象。演出结束后，满头银发的红线女老师被人搀扶着走上舞台，她握着杜振忠的手，高兴地说道："我也曾经演过《周仁献嫂》中的周仁，这是我第一次现场观看保定老调剧团的演出，没想到你们演得这么好!"红线女老师对杜振忠饰演的周仁给予了很高评价。见到仰慕已久的红线女老师，杜振忠也是非常激动，在真诚道谢后，他小心翼翼地问道："广东观众能听懂保定老调吗？毕竟是北方的一个地方戏，和广东戏的唱腔差别很大。"红线女老师乐呵呵地连声说道："听得懂，听得懂，你的唱腔和道白咬字都很清楚，每个字、每句唱我都听得清清楚楚!"那天晚上，杜振忠跟红线女老师一起吃晚饭时，红线女老师对剧中周仁的化妆等细节提出了自己的建议和看法，老师的具体指导使杜振忠受益匪浅，同时他也被红线女老师谦和磊落的人格魅力所折服。

杜振忠与著名粤剧艺术大师红线女合影

（2）2009 年 10 月 15 日，应中共深圳市委宣传部、深圳电视台《相聚星期六》栏目的邀请，杜振忠和老调名家王贯英共同赴深圳参加了全国国家级非物质文化遗产艺术展演活动，演出的剧目是《忠烈千秋》和《潘杨讼》。

杜振忠与老调名家王贯英合影

为了让老调这枝保定地方戏曲奇葩在展演时喷薄绽放，杜振忠做了精心的筹备，服装、道具、乐器全部焕然一新。演出时，杜振忠始终激情四射、信心满满，嗓音激昂慷慨、洪亮深远、真切自然，朴实中透露着醇厚，令人回味无穷，他拿出的绝活儿博得了现场观众的热烈掌声，演出大获成功。

# 六、虚心请教

日常工作中，杜振忠始终如一地以谦逊的态度向老调名家王贯英请教学习，受益匪浅。

王贯英，女，河北省保定市安新县（今雄安新区）北冯村人，国家一级演员，国家级非物质文化遗产项目保定老调代表性传承人，享受国务院特殊津贴，是保定老调的第一位女老生。

1954 年，王贯英进入高阳县老调剧团，后来高阳县老调剧团升格为保定地区老调剧团，她先后任副团长、团长。由于贡献突出，王贯英曾当选为河北省第四、第五届人大代表，河北省第六、第七届政协委员，曾任河北省文联委员、中国剧协第四届理事、河北省剧协理事等职。

王贯英自幼拜老调著名艺人周福才先生为师，工须生，曾在老调戏曲电影艺术片《潘杨讼》和《忠烈千秋》中饰演不同年龄的寇准，在电视艺术片《拒马令》《秦廷之乱》等 4 个剧目中扮演甘汝来、李斯等角色，还录制了《反徐州》《王佐断臂》《王贯英唱腔精选》等 10 多套盒式带。

王贯英从艺 60 多年，曾在 60 多个剧目中扮演主要角色，反串过红脸、老旦、彩旦、小旦等行当，成功塑造了多个舞台人物，给观众留下了极其深刻的印象，尤其是她饰演的寇准，机智，勇敢，正直，多谋，令人瞩目，被誉为“活寇准”，受到广大观众的追捧，为老调艺术的传承和发展立下了不朽的功勋。

在采访杜振忠时他曾对我说：“无论是我当团长之前，还是当团长之后，我一直都非常尊重王贯英老师，对王贯英老师充满了敬仰之情，我始终把王贯英老师当作自己的榜样，一直虚心地向王贯英老师请教学习。王贯英老师常说戏比天大，我把她的话牢记在心，并当成自己的座右铭。我们共事几十年，王贯英老师在舞台上表演的情景，直到现在还历历在目。无论是排练还是正式演出，王贯英老师都认真对待，一板一眼，要求几近苛刻。王贯英老师饰演寇准时，不管她的腿多疼，她都要坚持跪着演唱，一遍又一遍地反复排练。她的骆驼跪独树一帜，她的一丝不苟和忘我的精神，激励着一代又一代的老调人。”

杜振忠还告诉我，他和王贯英共事几十年，王贯英在他心中一直占有非常重要的位置。杜振忠记得，在他担任剧团领导后，王贯英知道剧团困难，所以从来不以行头好赖论短长，而是在演唱上狠下功夫，她高超的演技博得广大观众的好评。王贯英常说，热烈的掌声和喝彩声就是对她最好的回报和最大的鼓励。

杜振忠还说：“让我终生难忘的是 2009 年 10 月 15 日，我和王贯英老师共同赴深圳参加了全国国家级非物质文化遗产艺术展演活动，当时演出的是《忠烈千秋》和《潘杨讼》选段。正式展演前，王贯英老师在剧场一遍又一遍地反复排练，在没有地毯的硬地板上，她一丝不苟地做着骆驼跪动作，像正式演出一样，该怎么做戏就怎么做戏，膝盖的疼和腿的疼让她大汗淋漓，可她仍然坚持排练，我劝她休息一会儿，但她怎么也不肯，她说一定要把最好的演唱展示给全国观众，要把最完美的艺术形象留在深圳。王贯英老师对艺术精益求精的言行举止让我深受感动，更让我受益终身。”

# 七、致杜振忠

你的艺术成就既严谨，又鲜活，有见识，有创获，视阈新阔，如七色彩虹，绚丽夺目。

秋日秋月秋思浓，秋风几度枫叶红。

你担任保定老调剧团书记、团长整整23年，为保定老调的腾飞倾尽了青春热血，立下了汗马功劳，成为人们眼中优秀的艺术团体领导者。

你多次被评为先进工作者，获得过多个艺术奖项和荣誉称号。你的不凡业绩和先进事迹曾先后被收入《河北当代文艺家名典》《当代河北戏剧家》《中国戏剧家大辞典》《二十一世纪人才库（第三卷）》等书中。

有人说，如果唱戏有段位，你绝对是“王者”级别。

有人说，你在打拼过程中滚落的汗珠，就像大漠的沙粒儿，难以数清。

你继承了周福才、高佳玉、王贯英、辛秋花、王辛未等老一辈老调表演艺术家的演唱艺术和表演艺术，汲取了京剧、梆子等剧种中文武小生的表演技巧，博采众家之长，功底深厚，演技一流。

流光溢彩的舞台上，你以高亢圆润、苍劲厚实、稳健中富俊俏、拙朴中透灵秀、收放自如、高低不限的演唱风格征服了无数观众。

你文武兼备，声情俱佳，演绎以情见长，无论唱、念、做、打，都情出于内，表之形外，给人以强烈的震撼力、感染力。

年轻时你在《潘杨讼》和《忠烈千秋》中分别饰演杨文广和杨六郎，随着年龄的增长，你开始兼演文武老生的角色，可不管是小生还是老生，不管角色大小，你都尽心尽力地塑造好所饰演的每一个角色。

你游刃于不同角色与行当之间，演小生风流潇洒，演须生老成持重，演武生英俊神武，老调观众都亲切地称你为老调舞台上的不老松。

在我眼里，你是“无龄感”的人，从不为年龄所束缚。你能够在生活中始终保持青春活力，对新生事物充满好奇并勇于尝试，勇于去追求活得漂亮、活得精彩，从不留遗憾。你的与时俱进和对生活的热情，让围绕在你身边的人觉得没有任何年龄代沟。坚持“无龄感”生活的你有一种“硬骨头”品格，不跟年龄妥协，不跟现实妥协，总是以只争朝夕的心态，追逐让老调世代相传的梦想。

你从艺50多年来演出过50多个剧目，除了前文已经赏析过的剧目外，你还在《风雨秀兰》中饰演了赵秀兰的儿子——柱子，凭借着对这一角色的成功演绎，让你在2006年11月荣获了第七届河北省戏剧节表演奖。

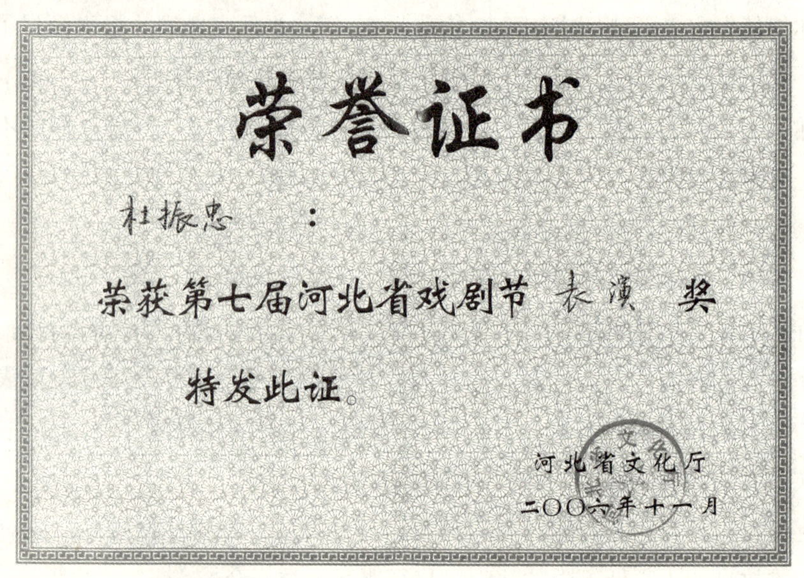
荣誉证书

杜振忠：

荣获第七届河北省戏剧节表演奖

特发此证。

河北省文化厅

二〇〇六年十一月

荣誉证书

此外，你还在《包公误》中成功饰演了狄龙，在《岳飞传》中成功饰演了岳飞，在《呼家将》中成功饰演了呼延庆，在《王莽赶刘秀》中成功饰演了刘秀，这些角色都受到了广大观众的一致好评。可以说，你所饰演的每一个角色都给观众留下了难以磨灭的印象。

你曾随剧团赴北戴河为党和国家领导人演出，开阔了眼界，丰富了阅历，增长了才干，给日后走上领导岗位夯实了根基。

你的微笑挂在嘴边，自信扬在脸上，梦想藏在心里，行动落于腿脚。你既享受日常的仪式感，也能迎战生活中的任何难题，你让日常的柴米油盐也开出了绚丽的花朵。你不怕苦的法宝是：有些苦，笑一笑，也就稀释了。

你迈着矫健的步伐，走过每个春秋冬夏，在舞台上尽情释放着自己的光华。每一个不曾唱戏的日子，你都觉得是对生命的辜负。

你懂得礼仪，懂得规矩，走得端，行得正，坐得直，站得稳。

你知道，老调是用歌舞演绎故事，是文学、音乐、舞蹈、武术、美术、杂技等各艺术门类的综合体现。你还知道艺无止境，知道爱上老调便是一生。因此，你从不满足现状，总是积极地从各方面汲取知识，提升自己。随着日复一日的熏陶，你的品位步步升华，演的角色多了，积淀多了，知识广了，文化底蕴深了，塑造的形象也就越发地深入人心、生动感人。

你的口齿清楚，气息通畅，字正腔圆，韵味十足，对角色的情绪变化，板眼结构，高低强弱，抑扬顿挫，轻重缓急，一举一动，一招一式，一板一眼，一张一弛，你都掌控得当，挥洒自如。

你是一个细致的人，将每一句台词和各种表演程式都烂熟于心，将诸多大师名家的演唱风范都铭刻心中。你进行粗犷表演时，演出的是“狂草”，你进行细腻表演时，演出的是端庄的“蝇头小楷”。

你善于驾驭舞台上的各类小生角色，武生、文生、官生、扇子生都可以演得出神入化、亲切感人，而文武皆长则是你最大的特点。

老调的小生不同于京剧小生用假嗓演唱，而是要用真嗓演唱，因而你更显阳刚。

你的声腔艺术是老调男性小生中非常优秀的声腔，你的嗓音宽亮，刚柔相济，韵味醇厚，委婉细腻，具有宽厚圆润、明亮优美的特色，听起来声音清脆、敞亮、刚劲。

你练就了一身过硬的武功，你的武打技巧严谨准确、细腻传神、英武迷人。你有一个连同行们都羡慕不已的绝招——360 度硬抢背，这个动作难度很大，但非常精彩，每次表演时台下都是一片掌声和叫好声。

长期积累的舞台表演经验使你的戏路越来越宽，不论是武生、文生，还是老生，虽然角色不同、行当不同，你却都可以演绎得栩栩如生、无比动人。

虽然行当和表演程式不同，可你却把武生的干练和英武，与精彩的武功技巧融汇于须生的表演之中，令人称奇。

业内人士说，文武小生的最佳年龄是 50 岁以下，而 2020 年时已经 64 岁的你却依然活跃在城乡的舞台上，依然演出着经典剧目，依然享受着观众们的叫好声。一场戏下来，你心不慌气不喘，风采不减当年。

你是个用心演戏的老调艺术家，你对戏中的人物和故事追求准确的理解，力求用生动的舞台语言来准确表达。

你是年轻演员心中的偶像，在艺术传承方面你是老师，你关心年轻演员的成长和进步，你的代表作品成为众多年轻人争相学习的剧目。在你担任保定老调剧团书记、团长的 23 年时光里，即便管理工作相当繁忙，可丝毫没有影响你在舞台上的演出，舞台是你的阵地，演戏是你的生命。

你曾先后参加了由中央电视台、河北电视台、河北人民广播电台等多个机构录制的电视艺术片、光盘和盒式录音磁带，主要录制的剧目有《忠烈千秋》《潘杨讼》《梁红玉》《拒马令》《红衣仙子》《爹是爹来娘是娘》《周仁献嫂》《钟离春》《宋江嫁妹》等。

50 多年的舞台生涯，是你拼搏奋斗的人生之路；

50 多年的演艺生涯，让你尝尽了老调人的酸甜苦辣，有美景，有风雨，有雷电，有湛湛蓝天，有车水马龙，有门可罗雀。你认为，这充满生命气息的一切都是你人生中的一部分，都是你人生中实实在在的内容，你用勃勃生机点染了你绚丽多姿的人生；

50 多年的粉墨人生，绘就了你的不老青春；

50 多年的艺术追求，让你收获了精彩的人生。

你是不老的文武小生，你的艺术生命将永远年轻！

优秀的演员永远任重道远，愿你宝刀不老，愿你的艺术之树常青！

# 担纲团长

# 一、荣誉城墙

杜振忠担任保定老调剧团书记、团长的23年是汗流成溪的23年，他那用奖杯垒砌的、闪烁着耀眼光芒的荣誉城墙巍然挺立于戏曲之林，璀璨而坚实。

在我眼里，杜振忠获得的那些荣誉意义深远而博广。

荣誉，意味着付出，体现着坚毅，传达着激励，代表着赞许。

荣誉，也是一种境界，体现着面对任何困难时的无所畏惧、拼尽全力、搏斗到底。

荣誉，更是一种光荣，真情描绘了人生的美丽航程和追梦之旅。

以下是杜振忠所获的主要荣誉：

1987年5月，被河北省保定地区行政公署文化局评为先进工作者；

1988年5月，被河北省保定地区行政公署文化局评为先进工作者；

1989年5月，被河北省保定地区行政公署文化局评为先进工作者；

1991年3月，被中共保定地直工委授予精神文明先进个人荣誉称号；

1993年6月，被河北省保定地区行署授予记功奖励；

1996年8月，被保定市人民政府授予记三等功奖励；

| 姓名 | 杜振忠 | | |
|---|---|---|---|
| 性别 | 男 | 年龄 | 36 |
| 单位 | 老调剧团 | | |
| 职务 | 团长 | | |
| 因何授奖 | 在一九九二年度工作中成绩突出 | | |

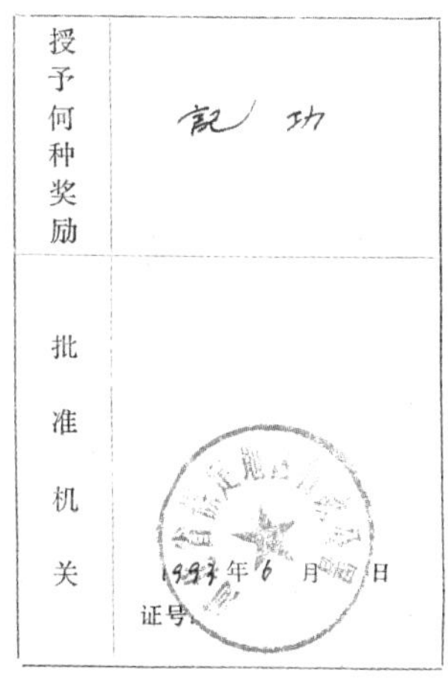

| 授予何种奖励 | 記功 |
|---|---|
| 批准机关 | 1993年6月 日<br>证号 |

奖励证书

| 姓名 | 杜振忠 | | |
|---|---|---|---|
| 性别 | 男 | 年龄 | 38 |
| 单位 | 老调剧团 | | |
| 职务 | 团长 | | |
| 因何授奖 | 在一九九五年度工作中，成绩显著。 | | |

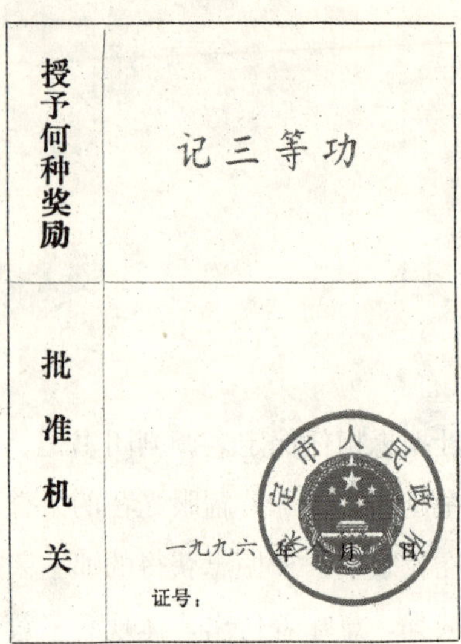
授予何种奖励：记三等功

批准机关：保定市人民政府

一九九六 年 月 日

证号：

奖励证书

1997 年 6 月，被保定市人民政府授予记三等功奖励；

| 姓名 | 杜振忠 | | |
|---|---|---|---|
| 性别 | 男 | 年龄 | 37 |
| 单位 | 市文化局 | | |
| 职务 | 团长 | | |
| 因何授奖 | 在一九九六年度工作中成绩突出 | | |

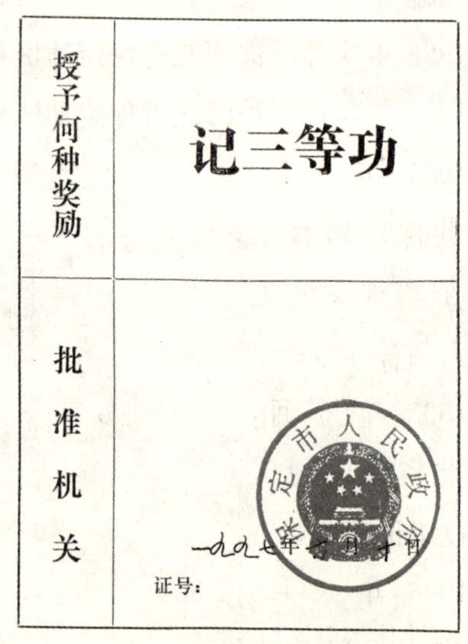
授予何种奖励：记三等功

批准机关：保定市人民政府

一九九七年 月 日

证号：

奖励证书

同年，受到保定市文化局的嘉奖；

同年，被中共保定市文化局委员会评为优秀共产党员；

1998 年 3 月，被保定市文化局评为保定市文化系统先进工作者；

同月，受到保定市文化局的嘉奖；

1999 年 3 月，受到保定市文化局的嘉奖；

1999 年 7 月，被中共保定市文化局委员会评为优秀共产党员；

2000 年 3 月，受到保定市文化局的嘉奖；

2000 年 7 月，被保定市跨世纪人才工程领导小组办公室评定为保定市跨世纪人才；

2001 年，被中共河北省委宣传部、河北省文明办评为文化科技卫生“三下乡”先进个人；

2002 年 10 月，率队参加首届保定古城戏剧节，荣获优秀组织奖；

2003 年 3 月，被中共河北省委宣传部、河北省文明办评为文化科技卫生“三下乡”先进个人；

荣誉证书

杜振忠同志：

在 2001—2002 年度文化科技卫生“三下乡”工作中成绩突出，被评为先进个人。

中共河北省委宣传部
河北省文明办
2003 年 3 月 28 日

荣誉证书

2003 年 10 月，率队参加保定市第二届古城戏剧节，荣获表演一等奖；

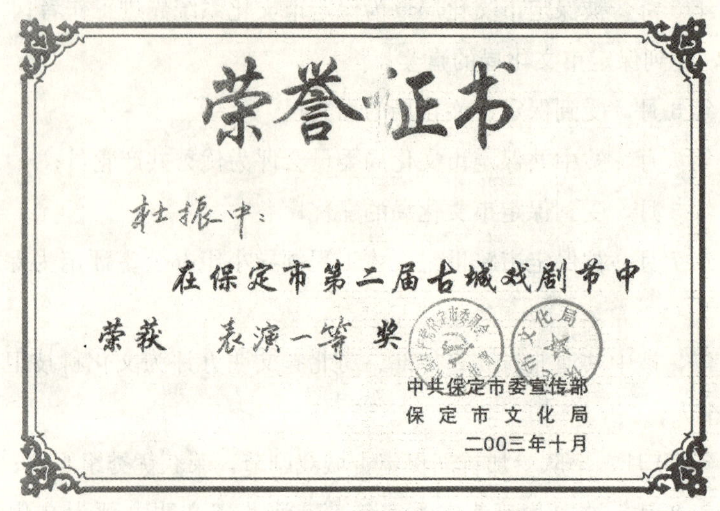

荣誉证书

杜振中：

在保定市第二届古城戏剧节中

荣获 表演一等奖

中共保定市委宣传部

保定市文化局

二00三年十月

荣誉证书

2003 年 11 月，荣获首届中国戏曲红梅奖青少年演唱大赛河北赛区选拔赛个人优秀组织奖；

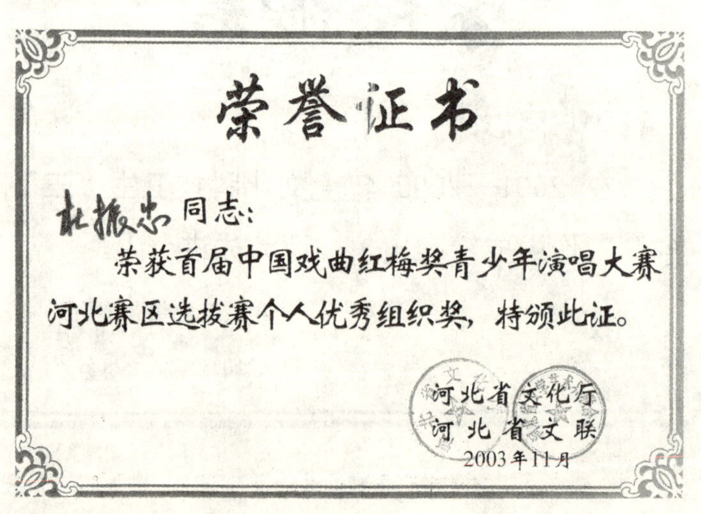

荣誉证书

杜振忠同志：

荣获首届中国戏曲红梅奖青少年演唱大赛河北赛区选拔赛个人优秀组织奖，特颁此证。

河北省文化厅

河北省文联

2003年11月

荣誉证书

2004 年 2 月，受到保定市文化局的嘉奖；

2004 年 3 月，被中共保定市委宣传部评为优秀宣传干部；

荣誉证书

杜振忠同志：

被评为2003年度优秀宣传干部

中共保定市委宣传部

2004年3月

荣誉证书

2004 年 7 月，被中共保定市文化局委员会授予优秀共产党员荣誉称号；

2004 年 10 月，率队参加保定市第三届古城戏剧节，荣获表演一等奖；

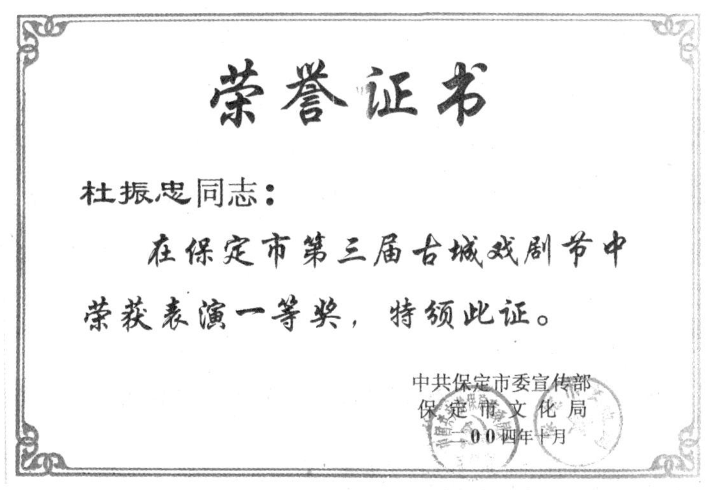

荣誉证书

杜振忠同志：

在保定市第三届古城戏剧节中荣获表演一等奖，特颁此证。

中共保定市委宣传部

保定市文化局

二〇〇四年十月

荣誉证书

2004年12月，荣获第二届“中国戏曲演唱红梅大赛”河北赛区优秀个人组织奖；

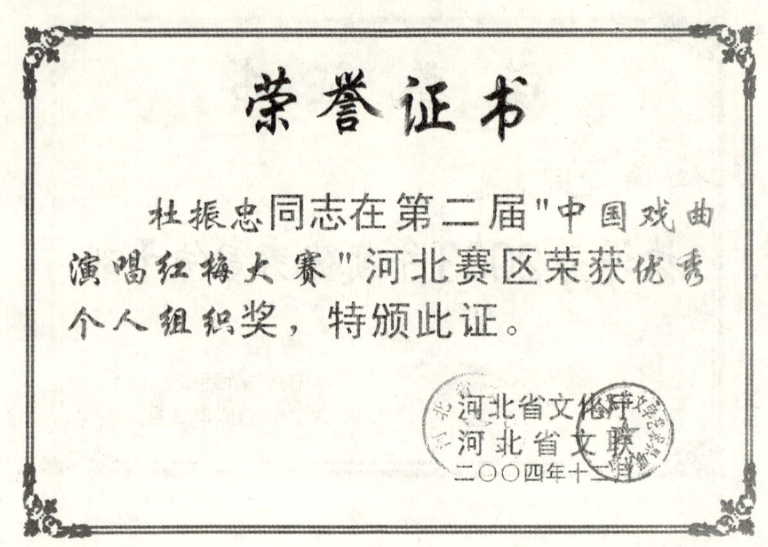
荣誉证书

杜振忠同志在第二届"中国戏曲演唱红梅大赛"河北赛区荣获优秀个人组织奖，特颁此证。

河北省文化厅
河北省文联
二〇〇四年十二月

荣誉证书

2005年，率队参加保定市第四届古城戏剧节，荣获优秀组织奖；

同年，荣获第三届中国戏曲红梅奖青少年演唱大赛河北赛区选拔赛优秀组织奖；

2006年7月，被中共保定市文化局委员会评为优秀共产党员；

2006年9月，保定老调剧团一团、保定老调剧团二团合并，杜振忠担任合并后的保定老调剧团团长，在此期间，剧团连年被评为保定市先进艺术团体；

2006的10月26日，率队参加河北省第三届戏剧演唱“燕赵红梅奖”大赛暨保定市第五届古城戏剧节，荣获表演一等奖；

2006年11月，荣获第七届河北省戏剧节表演奖；

同年，荣获第五届中国戏曲红梅奖青少年演唱大赛河北赛区选拔赛优秀组织奖；

2007年8月，荣获河北省戏剧家协会突出贡献会员荣誉称号；

荣誉证书

杜振忠同志：

荣获 2006 年河北省戏剧家协会突出贡献会员荣誉称号。

河北省戏剧家协会
二〇〇七年八月

荣誉证书

2007 年 10 月，率队参加保定市第六届古城戏剧节，荣获 4 个一等奖、3 个二等奖和优秀组织奖；

2007 年 12 月，被保定市新世纪学术和技术带头人办公室评为保定市新世纪学术和技术带头人；

2009 年 2 月，被中共保定市委宣传部、保定市精神文明建设委员会办公室评为全市文化科技卫生“三下乡”先进个人；

荣誉证书

杜振忠同志：

荣获 2008 年度全市文化科技卫生“三下乡”先进个人

中共保定市委宣传部　保定市精神文明建设委员会办公室
2009 年 2 月

荣誉证书

2009 年 10 月，率队参加“迁安杯”第五届河北省戏剧“燕赵红梅奖”大赛，荣获个人组织奖；

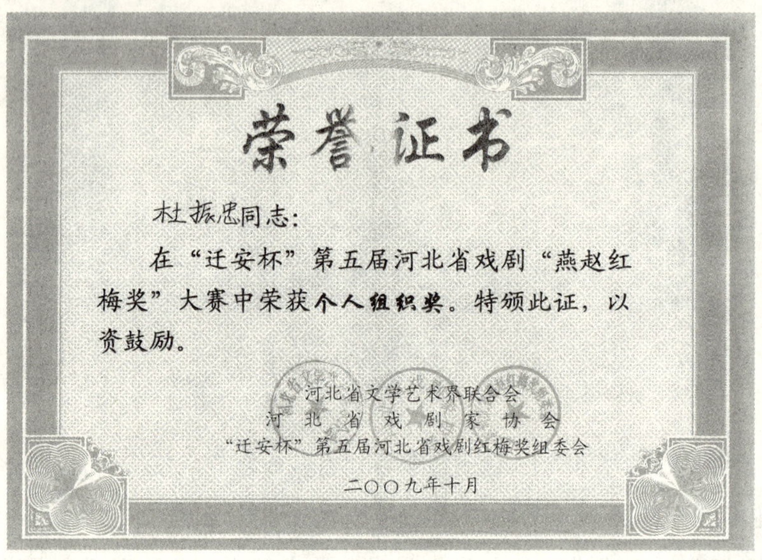
荣誉证书

杜振忠同志：

在“迁安杯”第五届河北省戏剧“燕赵红梅奖”大赛中荣获个人组织奖。特颁此证，以资鼓励。

河北省文学艺术界联合会
河北省戏剧家协会
“迁安杯”第五届河北省戏剧红梅奖组委会

二〇〇九年十月

荣誉证书

同年，率队参加第八届河北省戏剧节，荣获演员一等奖、二等奖、剧目奖等。

杜振忠从保定老调剧团的领导岗位上退下来之后，又先后被多家单位聘请，大红的聘任书摆满了书桌。

2016 年 12 月，被聘为保定市直隶老调艺术研究院院长；

2018 年 5 月 19 日，被阜平县文化广电新闻出版局聘为阜平县文化艺术“名家大讲堂”公益培训教师；

2018 年 9 月 1 日，被保定市河北小学聘为名誉校长；

2019 年 1 月，被聘为保定市戏剧家协会第四届顾问；

2019 年 10 月 27 日至 11 月 2 日，杜振忠参加了中央文化和旅游管理干部学院举办的第十四期全国文艺院团长培训班，并获得结业证书；

2019 年 11 月 16 日，被聘为“中国冀菜·雄安流派文化顾问”。

面对杜振忠获得的这些荣誉，我心潮起伏、感慨万端，荣誉不会从天而降，甜美的劳动果实必定是心血与汗水的结晶。对此，让我满怀深情地为你献上心底的颂歌，让我无比激动地为你抒发赞扬的诗情。

你几十年如一日，顽强拼搏在保定老调剧团的领导岗位上，是那样的无私而高尚。

你是头雁，羽翼集结起腾飞的力量。

你是旗帜，飘扬着引领队伍的方向。

你是一道亮丽的风景，充分展示着主人翁的风采。

你是一座坚实的桥梁，用使命和责任构筑着明天的希望。

你努力学习，刻苦钻研，不断提升自我，超越自我，爱岗敬业，甘于奉献，为全团演职人员树立了光辉的榜样。

你开拓创新，争创一流，以骄人的业绩践行科学发展的理想。

你兢兢业业，艰苦奋斗，在平凡的岗位上追求卓越的志向。

老调剧团的演职人员因你奋不顾身地挑战艰难而更加自信、更加坚强。

老调剧团演职人员的生活因你马不停蹄地为大家谋福利而更加美好、更加欢畅。

阳光因你而越发温暖，越发明媚。

鲜花因你而越发绚丽，越发芬芳。

你是保定老调剧团名副其实的模范和精英，你是新时代当之无愧的先锋和脊梁。

## 二、文企联姻

经济是老调艺术发展的基础，老调艺术要想大发展，就必须有物质条件的支撑。

从 1989 年开始，歌舞盛行，戏曲滑坡，保定老调剧团也在此时陷入了困境，举步维艰。要想保证剧团的演出质量，就必须努力让演员的收入与普通工薪阶层的收入持平，只有让演员的收入有了保证，他们才能安心地搞艺术，老调艺术才有希望传承下去。当时的保定老调剧团是事业单位企业管理的性质，是差额拨款单位，演职人员的基本工资几乎全靠财政拨款，其余很少的一部分靠演出挣取。1990 年后，演职人员的基本工资有很大一部分要靠财政拨款，其余靠演出挣取。1992 年后，演职员的基本工资主要靠演出挣取，其余由财政拨款。

由于受到歌舞的冲击，老调的演出市场不断萎缩，导致剧团演职人员的收入普遍偏低，剧团里的一些骨干为了养家糊口，陆续停薪留职，四散而去。当时的剧团想排新戏、排大戏根本凑不齐人，更没有资金购买新的服装和道具。

此时的杜振忠一直在强化自己的心理建设，他告诉自己：无论多么艰难也要撑住，决不能让老调失传！于是，他直面老调发展的危机，带领老调剧团逆势前行，奋力撑起在风雨中摇摇欲坠的小船，闯过了一波又一波的惊涛骇浪。因为他明白，人生总会遇到各种各样的艰难，加之舞台上多年的摸爬滚打早已让他习惯了对艰难的从容不迫，更让他学会了享受战胜艰难后的快乐。

于是，他频频抬头看太阳，让自己的心暖洋洋、亮堂堂。

于是，他步履匆匆，挥刀舞剑，披荆斩棘，力挽狂澜。

他的激情工作，让他破解了一道道难题，而他采取的第一个切实可行的措施便是文企联姻。

文化离不开经济的帮扶，经济也需要文化帮助吸引投资，在互惠互利的基础上，文化资源成了绝佳的经济要素。杜振忠看准了文企联姻在操作性和操作空间上的前景，于是他开始大胆尝试。

**（一）与保定市糖酒公司联姻**

1993 年，保定老调剧团首先与保定市糖酒公司联姻，给易拉罐蓝源饮料做宣传。演员们以“抬轿”的形式，抬着特制的易拉罐蓝源饮料模型在石家庄、邯郸、新乡、郑州、安阳、洛阳等地的大街上行走，取得了良好的宣传效果。这次合作赚取的费用在一定程度上帮助剧团度过了最艰难的时期。

**（二）与釜阳春酒厂联姻**

1994 年 8 月 1 日，保定老调剧团与保定地区釜阳春酒厂联姻，剧团改名为保定地区釜阳春老调剧团。

1994 年 9 月 8 日，杜振忠作为剧团代表参加了与河北长天集团釜阳春酿酒总公司进行的文企联姻签字仪式。双方本着互惠互利的原则，经济搭台，文化唱戏，签订了一份为期 3 年的合同。合同约定，釜阳春酒厂每年向剧团提供一定的资金支持，扶持剧团排演新剧目。同时，剧团在戏箱上印“保定地区釜阳春老调剧团”的字样，在剧团门口挂“保定地区釜阳春老调剧团”的牌匾，剧团每到一地演出，台口和舞台两侧都要悬挂宣传釜阳春酒的标语，并且剧团每次都要演出《釜阳春情》这出戏。

自此，杜振忠率领的团队像一颗缀在红绸子上的红宝石，熠熠夺目。

**（三）与秀兰集团联姻**

2001 年至 2004 年，由于多种原因，保定老调剧团一直在困境中苦苦挣扎。

2004 年，经过苦苦寻觅，杜振忠终于找到了突破口，成功与秀兰集团联姻，双方签订了互惠互利协议。协议约定，秀兰集团向剧团提供一定的资金支持，剧团则负责排演新戏《风雨秀兰》。

**（四）与中铁集团联姻**

2007 年 12 月 8 日，杜振忠作为剧团代表与保定市中铁集团实业有限公司达成了文企联姻的共识，并签订了为期 3 年的合作协议。协议约定，中铁集团每年向剧团提供 20 万元的资金支持，剧团则尽最大努力为中铁集团进行企业形象宣传，并为企业提供相应的服务。

我一直敬佩那些在危机时刻挺身而出，奋不顾身扑向危难的勇士，我觉得这样的人是切切实实地达到了人的自我实现的顶峰，找到了本能之上的高贵尊严，而杜振忠便算得上是一位文艺战线上的勇士。为了保定老调剧团的生存，他不顾自己的脸面，放下身段，四处求人，八方求援，说好话，赔笑脸，打躬作揖，这种委曲求全保大局的战斗姿态不正是勇士所为嘛。

在这里，我写下一首小诗，赠予善于在危机中育先机、于变局中开新局的文武小生杜振忠。

你独创的文企联姻模式，
为保定老调走出低谷，
写下了光辉的一笔；
为保定老调的振兴，
留下了上下求索的足迹！
一年有三百六十五张日历，
你的日历融汇在奋进和进取中；
一年有三百六十五个希冀，
你的希冀浸透在辛勤的工作和耕耘里。
你的汗水汇成清澈的小溪，
你的心声唱响在旷野和大山的褶皱里。
你的那双眼睛，
藏着智慧与聪明，
所有困难踩脚下，
顶天立地！

# 三、积极应对

面对演职人员青黄不接、极其短缺的局面，杜振忠积极应对。他多次深入乡村招聘演员，无论是会唱歌的还是会跳舞的，无论是会拉弦的还是会吹笛的，无论是唱梆子的还是唱京剧的，只要是有点基础的，只要是愿意跟着剧团走的，他一概来者不拒，统统收下。曾几何时，入团门槛甚至低到即便是零基础，只要他们愿意进剧团学戏，杜振忠都会非常高兴地把他们领进门。

对于新招进来的演员，杜振忠会根据他们的特长，按行当进行分类，之后不分昼夜地对他们进行业务培训。老师们一个动作一个动作地教，演员一句唱词一句唱词地学，很快，这些演员便掌握了登台表演的基本要领。

为了使这些演员快速成长，杜振忠大胆启用他们，让他们纷纷走上舞台，先演宫女、演大兵、跑龙套，之后饰演小角色，再逐步过渡到主角儿。经过严格的实战训练和丰富的舞台实践，新招的这些演员进步明显。

此后，杜振忠积极应对演出市场的需求，一边排演老调戏，一边排练歌舞、曲艺、器乐、小品等综艺节目。每次演出时，先演综艺节目，后唱老调戏，极大地满足了不同年龄、不同身份、不同层次观众的口味与需求。

由于积极应对演出市场的需求，不断推出新节目、新剧目，剧团下乡演出时做到了淡季不淡，一年四季不封箱。每年淡季时，剧团仍能连续演出 3 个月。

2005 年，为了让涞源深山地区的百姓们能够不花钱看老调戏，杜振忠走遍了崇山峻岭中的各个矿山。在他的不懈努力下，终于实现了“矿山出钱，百姓看戏”的美好愿望。之后，他带领老调剧团奔走在各个矿山周边的村庄，连续演出了两个多月。在演出的同时，他们还排演了《金沙滩》《杀宫战街》《吴三桂反云南》等新剧目。演出结束时，当地老百姓对剧团给予了高度评价和广泛赞扬。

就这样，杜振忠带领着老调剧团一步一个脚印，不断迈上新的台阶，真正做到了扎实推进，稳步发展。杜振忠当时的梦想是：即便再艰难，也要与老调不离不弃，尽管是在夹缝里生存，也要护住老调的根！

在这里，我写下一首小诗，以表敬意。

勤奋敬业打先锋，奋发图强兴味浓。
立足老调埋头干，铁心求索效愚公。
刀剑寒光霹雳闪，火炬明媚暖意生。
业务高强腰板硬，春风得意满堂红。

# 四、夯实基础

老调的戏迷票友们都知道，保定老调剧团是一个具有辉煌历史的艺术团体。20 世纪 60 年代，保定老调剧团曾多次进京演出，当时有中央领导高度评价说：保定有宝，老调不老。《潘杨讼》曾被长春电影制片厂拍摄成戏曲电影。后来，有 4 名剧团的演员随中国艺术团赴欧洲八国巡回演出，体现了保定老调剧团强大的业务实力。

20 世纪 80 年代，《忠烈千秋》被西安电影制片厂拍摄成戏曲电影，另有多个剧目被录制成电视艺术片和光盘，并在全国发行，影响甚大。

1988 年杜振忠担任保定老调剧团团长后，他清醒地认识到：要想当好接班人，要想将剧团的辉煌传承下去，要想让老百姓继续对老调百看不厌、百听不烦，自己就必须要像十里马拉车那样，竭尽全力，奋勇向前。后来，他以踏石留印、抓铁有痕的干劲儿狠抓了基础建设，将老调这个剧种，以及众多老调人带到了科学发展的道路上。

在日常管理中，杜振忠始终坚持“四个坚持”和“四个提高”的工作目标，即坚持业务每日一练制度，提高全团演职人员的业务素质；坚持抓艺术精品，提高剧团的艺术生命力；坚持扩大公共积累，提高剧团的装备水平；坚持发动群众联系业务，提高剧团的演出收入。同时，杜振忠还对众多老调人关爱有加，倾力给予老调人更多的温情与宽厚。

就这样，杜振忠一步一个脚印，不等不靠，自强不息，勇打翻身仗，善打漂亮仗，使剧团旧貌换新颜，呈现出勃勃生机。

杜振忠借风使力，不断用外部力量来充实自己，使剧团取得了更大的发展空间。剧团的收入增加了，经济上宽裕了，发展形势一片大好，但杜振忠没有被眼前的成功冲昏头脑，为了剧团的更大发展，为了进一步提高剧团的整体实力，他用节省下来的钱大搞基础建设。2000 年，杜振忠将剧团原有的筒子楼进行了开发改建，建成了崭新的办公楼和演员宿舍。当年年底，全体演职人员搬进了新楼。

杜振忠还为他挑选出的几个基础较好的青年演员牵线搭桥，帮助他们拜剧团已退休的老前辈为师，对他们进行重点培养，并传授绝活儿，使他们很快成了剧团的尖子演员。

杜振忠很清楚，一个剧团如果没有新剧目就不能生存，如果没有精品节目就会失去艺术生命力和竞争力。杜振忠曾说：在农村演出时，不能翻过来调过去总是那几出戏，不能“倒粪”，必须不断更新剧目，必须年年出精品，只有这样才能在市场竞争中站稳脚跟，才能成为市场的强者。

2003 年，杜振忠带领剧团创作演出了《直隶总督唐执玉》，在社会上引起了强烈反响。市领导观看后说这是一出充满正能量的好戏，有利于加强干部的廉政教育，应该在全市广大城乡进行巡演。

2004 年，杜振忠带领剧团创作演出了现代戏《风雨秀兰》，现场观众无不被赵秀兰捐资助学的奉献精神所感动。

《风雨秀兰》剧照（左为年登攀，中为王贯英，右为杜振忠）

2005 年，杜振忠带领剧团改编演出了《金沙滩》，受到了观众的一致好评。

杜振忠深知，一个企业的产品如果销售环节滞后，那么经济效益就上不去，而剧团如果有了充足的剧目却没有台口，也等于是“产品滞销”。为了解决这个问题，他制定并实施了切实可行的措施。除剧团的业务员努力联系台口外，他还放手发动群众，广开门路，进行有偿的外联活动。他本人更是一马当先，请自己在社会各界的朋友帮忙联系演出台口。在众人的努力下，剧团的演出台口基本上没有出现过断档，剧团的演出收入多年来趋于平稳，且稳中有升。

为了不断提高剧团的演出质量，杜振忠每年都会拿出一定资金请名师前来进行指导，协助剧团排演新剧目。此外，他还会拿出一定资金来购置服装、道具、布景等，加之大量的公共积累做后盾，使得剧团多年来一直处于良性发展态势。

由于剧团的业绩突出，2005 年，上级领导部门专门下发了关于号召保定市艺术团体向保定老调剧团一团学习的文件。此外，剧团还连续多年受到省、市领导部门的表彰和嘉奖。剧团的演职人员、戏迷票友，以及广大观众纷纷竖起大拇指说道：“杜振忠不愧为老调剧种的优秀继承人，不愧为一名优秀的掌门人!”

写到这里，我不禁心潮翻滚，感慨万千，写下小诗一首，以抒发感佩之情。

陋舍旧堂，
随着时代的足音，
销声匿迹，
灰飞尘扬。
接地气的建筑，
合着时代的节拍，
拔地而起，
气势昂扬。
你脸上流淌的汗水，
折射出你的豪气与雄壮。
矗立的办公楼，

崭新的排练场，
温馨的单身宿舍，
宽敞的职员住房，
诠释着你的慷慨与激昂，
让我看到了你笔力遒劲的华章。
那是你用心血浇灌出的美丽，
那是你用智慧催发出的芬芳。
看得见摸得着的石碑上，
镌刻着你的奉献与光芒。
一切的崭新，
让老调人的张张笑脸，
溢满阳光。
人们收获的是幸福，
品尝的是甜蜜，
感恩的是终于如愿以偿。
你如缓缓流淌的五线谱，
悉心维护着老调人的宁和与安详。
崭新的戏箱，
承载着老调人沉甸甸的期盼与希望。
你用钢铁般的肩膀，
扛起戏箱，
抬起头，
挺胸膛，
高瞻远瞩向前方，
步履铿锵。

# 五、思想建设

自 1988 年杜振忠担任剧团领导以来，他带领全体演职人员坚持文化下乡，走遍了保定周边的山山水水，在河北、山西、陕西、河南等地的城市和乡村都留下了他们的足迹，剧团在社会效益和经济效益上获得了双丰收。

剧团能够取得这样的丰硕成果，与杜振忠狠抓思想建设是密不可分的。剧团每到一个村子演出时，基本都是提前一天赶到，杜振忠在安排好食宿后便马上开会，给剧团的演职人员介绍这个村的风土人情，并告知村民们想要看哪出戏，然后动员大家以饱满的热情与激情投入演出，将最佳的演出状态奉献给村里的广大观众。

杜振忠充满战斗激情的动员增强了全体演职人员的自信心，提高了剧团的凝聚力，使大家拧成了一股绳，心往一处想，劲往一处使，演一处，红一处，舞台之花绚丽绽放，光彩夺目。

杜振忠在担任剧团领导的几十年间，始终坚持带领全体演职人员学习党和国家下发的各类文件，学习党和国家颁布的各项方针政策，始终要求所有人懂政策、守规矩，老老实实唱戏，清清白白做人，不要走歪门邪道。同时，杜振忠始终坚持 10 天开一次小会，一个月开一次中会，一个季度开一次大会，不断总结前一段工作的经验和教训，以及取得的成绩，使剧团形成了比、学、赶、帮、超的良好氛围。

在杜振忠的带领下，即便在最困难的时期，剧团也始终充满着正能量。

# 六、配合默契

在采访杜振忠时他曾说，他 32 岁当老调一团团长时，与德艺双馨的辛秋花成了工作上的搭档。辛秋花当时是剧团书记，负责党务，她一手抓党建，一手帮他抓演出业务，除了积极参加演出外，还主动跑台口，并给予青年演员很多的帮助，为老调的传承与发展做出了突出贡献。

辛秋花，女，河北省保定市安新县（今雄安新区）辛庄村人，中国戏剧家协会会员，国家一级演员，国家级非物质文化遗产项目保定老调代表性传承人，历任保定老调剧团团长、党支部书记等职。

辛秋花自幼酷爱戏曲艺术，5 岁学戏，8 岁登台，13 岁声名鹊起。1959 年 6 月，辛秋花被正式调入保定地区老调剧团，工老旦。辛秋花重视唱腔韵味，以苍迈清越、韵味浓郁、感情真挚的演唱特点，创立了观众喜爱的新派老旦，成为深受观众喜爱的保定老调第一位女老旦，为传承、发展、弘扬保定老调戏曲艺术做出了突出贡献。

辛秋花曾演出过 40 多部大型传统古装戏和现代戏，成功地塑造了多个经典的舞台艺术形象，还曾先后参与过两部电影的拍摄，一部是在 1960 年，参与了长春电影制片厂拍摄的老调舞台戏曲艺术片《潘杨讼》，在剧中扮演主要角色佘太君，另一部是在 1981 年，参与了西安电影制片厂拍摄的老调彩色舞台戏曲艺术片《忠烈千秋》，在剧中扮演主要角色佘太君。

杜振忠曾说，辛秋花除了在艺术上给予过他指导，在剧团管理上也是竭尽全力地帮助他。同时，辛秋花在日常演出中从不讲排场，始终与大家一起风里来雨里去，同吃同住同唱，从不搞特殊。

杜振忠说，他从辛秋花身上看到了很多闪光点，学到了很多宝贵的经验，这些都令他受益终身。

# 七、南征北战

杜振忠常说："保定老调是保定的地方特产，在全国范围内属于稀有剧种，是保定的'一宝'，更是保定人民的骄傲。我是一个老调戏曲演员，还是老调剧团的团长，因此更有责任去爱护老调、宣传老调、传承老调，为老调的发展献出自己的毕生精力。"他是这么说的，也是这么做的。

杜振忠坚持带领剧团的演职人员文化下乡，走遍了保定的山山水水。此外，在河北、山西、河南等地的很多城市和乡村也留下了他们的足迹。在此期间，杜振忠身先士卒，他与演职人员一起共度严寒夜，共熬酷暑天，南征北战，跋山涉水，风餐露宿。在那些艰难坎坷的岁月里，剧团年均下乡演出520余场，年均收入60多万元。

对于杜振忠带出来的这个优秀团体，我敬佩至极，激情难抑，写下小诗一首，敬赠杜振忠，以及与他相携相扶、生死与共的老调人。

下乡演出的路，
坎坷而艰辛。
血脉相通的你们，
手挽手，
心连心，
让惊雷冲刷苦涩，
让闪电漂白黑暗，
让意志扫平严酷，
让苦果变成蜜饯。
于是，

远看桃花红似火，
近看杨柳绿沉沉，
华光如银。
狂风为你们梳洗，
暴雨为你们净身。
你们用高亢的老调音韵，
让一朵杜鹃，
蔓延出一片火红的枫林；
让一个拖腔，
轰响成直冲九霄的浩浩之音。
从一片面包，
憧憬出今后日子的和美丰醇。
携一缕春风，
扩展成融融暖意，
把征途包裹得如画似锦。
手流血时，
你们撕下衣襟止血；
心撕裂时，
你们飞针走线缝合。
身心的创伤愈合之后，
留下如功勋章般的疤痕，
光灿如金。
一串串铿锵悠扬的音符，
一声声欢歌笑语，
飞过河流，
飞过丛林，
缭绕在山川的皱褶里，
如陈年老酒般清冽甘醇。
你们风尘仆仆地一路走来，

脸上洋溢着甜蜜，
眼神充盈着快乐与温馨。
像一本厚重的书，
见证着老调人不屈不挠的战斗青春。
一种蓬勃的激情，
一种执着的信仰，
让你们挺直了永不言败的脊梁。
使老调的前进之路，
不断在你们脚下拓展，
延伸。
你们的目标，
不断更新。
去追逐同一个中国梦，
去实现一个个具体的梦想，
是你们共同的心音。
你们——老调人，
是观众心目中，
最可爱的人。

# 八、稳定后方

由于杜振忠常年带领着剧团下乡演出，尤其是逢年过节，每当家家户户团圆的时候，便是剧团最忙碌的时候，导致剧团的演职人员与他们的家属长期分居，聚少离多。与此同时，家属们还要操持家务，照顾老人和孩子，生活非常辛苦。

杜振忠深知，剧团的演职人员在外演出就像军人在前线打仗一样，最担心的就是后方的稳定，只有得到了家属们的鼎力支持，只有稳定了后方，演职人员才能安心地在外演出。于是，他利用短暂的演出空当，安排剧团的演职人员和他们的家属到外地旅游，一方面缓解演职人员长期奔波演出的劳累，另一方面也让辛劳的家属们得到精神上的慰藉。逢年过节时，杜振忠还会给演职人员的家属们购买各种日用品，以表慰问。杜振忠的这些做法令家属们深受感动，同时也进一步激发了剧团演职人员的爱团之心。大家心往一处想，劲儿往一处使，凝心聚力，团结一致向前看，使剧团有了更好的发展。

杜振忠带领着老调剧团，怀着快乐的心，沿着开心的路，迈开健康的步，唱着不老的老调，一起向幸福出发。

# 九、立足本土

杜振忠担任保定老调剧团团长期间，始终坚持立足本土文化，立足地方特色，强调地域文化，最大限度满足本地观众的需求，得到了保定观众的充分认可。

杜振忠深知，家乡文化是养育老调人的精神之水，是涵养老调人的文化之源。一个老调人，如果不知道家乡的历史人文，无疑是一种文化缺失。如何就地取材、把握特色，如何弘扬家乡文化的精华，如何继承和创新民族传统文化，如何激发热爱家乡、建设家乡的激情，为构建和谐社会出力，成为他潜心研究的一个重要课题。

在老调发展受到时代冲击的那些年，杜振忠和剧团的演职人员风雨同舟、同甘共苦，相继创作排演了《拒马令》《直隶总督唐执玉》《直隶总督方观承》《三打洋教堂》《杨继盛》《爹是爹来娘是娘》《风雨秀兰》《痒痒挠》《釜阳春情》《唐尧大地》《荆轲与秦王》《玉石天歌》等大戏。这些大戏讲述的都是发生在保定的故事，颂扬的都是保定的英雄人物，因此深受保定广大观众和戏迷票友的喜爱。

立足本土，不仅是要立足保定，更要立足中国的传统文化，对于东方哲学和儒家文化，杜振忠便有着他自己的理解，即忠孝节义和仁、义、礼、智、信。他曾说："其实，传统戏曲就是宣传忠孝节义和仁、义、礼、智、信这些传统美德的。"他还说："我们排演的《直隶总督唐执玉》《直隶总督方观承》《风雨秀兰》《三打洋教堂》《杨继盛》等大戏就是在宣扬忠孝、廉洁、仁义、诚信和节操，不论是故事情节还是人物言行，都渗透着东方哲学和儒家文化的精髓。"

杜振忠认为：爱国情怀、民族精神就包含在民族的传统文化中，当今时代决不能丢掉传统文化，应该大力继承和发扬它。他曾幽默地对我说："外宾到保

《直隶总督方观承》剧照

《痒痒挠》演员合影（前为贾振花，后左为王会书，后中为辛秋花，后右为杜振忠）

定来，人家就是要听经典的保定老调大戏，就是要吃正宗的驴肉火烧，就是要看真实的直隶总督署。所以越是有特点的、有个性的东西，就越有世界性。所以民族的就是世界的，经典的就是永恒的。无论时代怎么变动、怎么改革，咱都不能往驴肉火烧里放上肯德基或麦当劳的作料，要真是那样做了，东西还能吃吗?”

听了杜振忠的话，我深刻意识到保定观众之所以对老调听不厌、看不烦，很大程度上是因为老调人在倾力弘扬着本土文化。杜振忠曾满怀信心地对我说：“我在任何时候都对保定老调的发展保持乐观的态度，我坚信保定老调不会消亡！保定的土有多深，老调的根就有多深。只要保定亡不了，老调就亡不了!”

# 十、唱响古城

为了解决保定市民看戏难的问题，之前长期下乡演出的老调剧团决定回城区办专场，自此拉开了“老调大戏闹古城”的大幕。

杜振忠带领剧团的演职人员，以强大的演员阵容、崭新的服装道具、现代化的灯光布景，在城区完美亮相，让保定市民过足了戏瘾。

2002年至2009年，杜振忠采取企业家包场和部分票零售的形式，让保定市民看上了老调大戏，分别在河北影剧院、五一影剧院、604剧场、保定大剧院等剧场陆续演出了《潘杨讼》《忠烈千秋》《金沙滩》《反徐州》《小包公》《王佐断臂》《哑女告状》《狸猫换太子》《遇皇后打龙袍》《白罗衫》《盘夫》《包公误》等剧目，让保定市民在家门口看到了思想内容丰富、艺术水平极高的老调大戏，极大地丰富了古城人民的文化生活，受到全市各界人士的欢迎。

2005年1月29日至2月12日，由中共保定市委宣传部、保定市文化局、保定日报社、保定电视台主办，保定市艺术剧院承办的迎新春戏剧展演在玉兰剧场举行，杜振忠组织并参演了《潘杨讼》《忠烈千秋》等老调大戏，他表演时台下掌声不断。

2005年2月9日至16日，杜振忠组织保定老调剧团在河北影剧院举办了“古城正月唱大戏”春节演出活动，共演出了8场大戏。他在《潘杨讼》中饰演宋王一角儿，在《风雨秀兰》中饰演柱子一角儿，均受到了观众的一致好评。

2006年10月23日，由全国政协京昆室副主任张国祥、全国政协常委叶少兰带队的全国政协考察团一行16人来到保定，就戏曲院团体制改革进展情况进行调研，杜振忠带领剧团演职人员在604剧场向考察团汇报演出了新编历史剧《金沙滩》。中共河北省委宣传部副部长吴晓琳、河北省文联主席冯思德、河北省文化厅副厅长边发吉、保定市副市长张广琦、保定市政协主席王庆明、保定市政协常务副主席王万族等领导，以及叶少兰、刘秀荣、杨春霞、赵葆秀、张学津、谭孝曾等名家观看了演出，并给予了肯定和好评。

2006 年 11 月 3 日，由河北省戏剧家协会、中共保定市委宣传部、保定市文化局共同主办的河北省第三届戏剧演唱燕赵红梅奖大赛暨第五届古城戏剧节在保定市隆重举行。杜振忠带领保定老调剧团在保定大剧院演出了《金沙滩》片段，他在剧中饰演的杨继业一角儿受到观众的一致好评。戏剧名家尚长荣、裴艳玲、刘秀荣、袁淑梅等人观看了演出，并纷纷给予了肯定和赞扬。

《金沙滩》的全体剧组人员与现场嘉宾合影

2007 年 1 月 19 日至 28 日，杜振忠组织剧团的演职人员在保定市玉兰剧场为保定市民进行了演出，连续推出了 10 台大戏，受到广大戏迷朋友的交口称赞。

2008 年，杜振忠组织剧团的演职人员改编排演了《杨金花夺印》《包公误》等剧目，还创作排演了以改革开放 30 周年为主题的现代戏《花喜鹊》，取得了良好的社会效益和经济效益。

杜振忠带领的保定老调剧团不仅丰富了保定市民的文化生活，还解决了保定市民看戏难的问题，同时为了配合“文化保定、魅力保定、实力保定”的创建，剧团多次为保定市民进行演出，一时间声名大阵，实可谓台上演出精彩，台下戏迷追捧；场上热闹非凡，场下座无虚席。

忆往昔峥嵘岁月稠。

多年以后的今天，当我问起那时演出的情景时，杜振忠对我说：“因为老调是咱们保定土生土长的剧种，所以说深受广大市民的喜爱，那些年的剧场演出盛况空前，场场爆满，广大戏迷朋友给予了高度评价。无论哪次演出，人们都说没看够，都强烈要求我们增加演出场次。面对观众的需求，我们不管多忙多累，都会尽最大努力增加演出场次，让戏迷朋友过足戏瘾，为保定市民奉上一道又一道丰富多彩的老调戏曲大餐。”

听了杜振忠的话，我感动得鼻子发酸，泪眼蒙眬。在此，写下小诗一首，以寄托自己的崇敬之情。

浴火重生忽忘忧，纵横驰骋仰高楼。
古城自有英豪气，梦不圆时志不休。
挥洒青丝画时轴，悠然岁月将自流。
古城舞台创诗意，青红粉墨染春秋。

# 十一、名列非遗

说起保定老调，人们总会想起《潘杨讼》和《忠烈千秋》两部电影，这在数以千计的地方剧种中，只有黄梅戏能与之媲美。长期以来，保定老调作为草根文化的典型代表，盛行于保定、石家庄、衡水、沧州等地，深受广大群众的喜爱。

1953年，高阳县老调剧团成立。

1958年，中央领导在保定河北礼堂（后改名为河北影剧院）观看了老调剧团演出的《盘夫》等剧目。

1959年，以高阳县老调剧团为基础，成立了保定专区老调剧团。

1960年2月，保定专区老调剧团进京，在人民大会堂、钓鱼台国宾馆、中南海小礼堂等重要场所为中央领导汇报演出。在京的艺术大师梅兰芳、马连良等人高度肯定了保定老调的艺术成果，尤其对崔澄田在《潘杨讼》中饰演的潘洪一角儿，更是交口称赞，老舍评价他为“应得一百分的潘洪”，并号召花脸界向崔澄田学习。中国文联向保定专区老调剧团赠送了写有“老调不老，枯木逢春”的锦旗。同年，《潘杨讼》被长春电影制片厂拍摄成戏曲艺术片，在全国发行放映。

1980年，保定老调剧团携新创演的《忠烈千秋》再次进京，为中宣部、文化部、中共北京市委和全国五届人大三次会议的代表及首都群众进行演出。同年12月，《忠烈千秋》被西安电影制片厂拍摄成彩色艺术片，在全国发行放映后引起了极大的轰动。杜振忠在电影中饰演的杨文广一角儿，颇受观众欢迎。

1984年，保定老调剧团应邀到北戴河为中央领导演出，获得了众多好评。

1991年，应中国戏剧家协会的邀请，杜振忠带领保定老调剧团携新创演的《秦廷之乱》《痒痒挠》《义斩皇叔》《乡间怒火》等剧目进京会演，广受好评。

1995 年，再次应中国戏剧家协会的邀请，杜振忠带领保定老调剧团携新创演的《梁红玉》进京演出，大获成功。

杜振忠在《梁红玉》中饰演韩世忠

崔澄田、王贯英、辛秋花等老艺术家开创了保定老调的巅峰时代，成为保定老调艺术的领军人物。在之后的传承与发展过程中，杜振忠脱颖而出，成为改革开放以来新生代老调艺术的传承者。在他担任保定老调剧团团长的 23 年时间里，共有 20 多个剧目被多家电视台录制成电视艺术片、光盘和盒式录音带，并在全国发行，另有《潘杨讼》《忠烈千秋》《梁红玉》《拒马令》《红衣仙子》等 5 个剧目先后被载入中央电视台的“中国戏剧精品库”。此外，老调剧目还多次在各级电视台、电台中播出，产生了极大的影响。

2008 年 5 月，杜振忠组织完成了国家级非物质文化遗产的申报工作。同年 6 月，保定老调被列入第二批国家级非物质文化遗产名录，王贯英、辛秋花被认定为国家级非物质文化遗产项目代表性传承人，这是保定人民的大事、喜事，值得骄傲和自豪。

2008 年 12 月 17 日至 30 日，为庆祝改革开放 30 周年、保定解放 60 周年，以及保定老调申遗成功，杜振忠组织剧团的演职人员在保定玉兰剧场演出了 10 台传统戏和现代戏，受到保定各界人士的交口称赞。

2010 年 6 月，杜振忠被河北省文化厅认定为省级非物质文化遗产项目保定老调代表性传承人。

证 书

命名 杜振忠为省级非物质文化遗产项目

保定老调 代表性传承人。

编号:02-0058

河北省文化厅

二〇一〇年六月

“省级非物质文化遗产项目保定老调代表性传承人”证书

传承的岁月，
悠然绵长。
传承的脚步，
激越铿锵。
梨园弦管各飞扬，
赢得游人兴若狂。

在这里，我衷心地祝愿杜振忠心怀执念，高擎传承的火炬，竭尽全力，向着更高的巅峰迅跑冲刺。

# 十二、锦上添花

## （一）

2003 年 9 月，杜振忠组织剧团的演职人员举办了庆祝老调剧团建团 50 周年活动，以及庆祝王贯英艺术生涯 50 周年活动，多位省市级领导莅临指导，并给予了高度的赞扬，为这一系列活动增了光、添了彩，可谓是锦上添花。

杜振忠与老调表演艺术家王贯英等人的合影

（由左至右依次为宋福生、李森、杜振忠、王贯英）

## （二）

栽下梧桐树，招得凤凰来。

2007 年 9 月，秋高气爽，大地泛金，保定老调剧团迎来了一位高贵的客人——中央电视台戏曲频道导演孙宁。其实，孙宁导演很早以前就有将保定老调拍摄成戏曲栏目的想法，只是由于他跟杜振忠都很忙，所以直到 2006 年下半年才敲定了拍摄的具体方案。

孙宁导演来到保定后，立即开展了前期制作、录音、制作光盘等工作，并与保定老调剧团签订了合同。与此同时，保定老调剧团也开始了紧锣密鼓的筹备。为了追求零差错，做到尽善尽美，杜振忠请来了戏剧研究所的专家帮忙，众人一起校对、改编、整理唱段和唱词，一起撰写剧情简介、剧情串联词、演员简历、艺术特色简介等资料。

在那段日子里，杜振忠每天忙得像陀螺一样，他随时随地都在听着戏曲录音。在下乡演出的间隙，他也会跟演员们互相切磋，有时为了一个字、一句台词，他都要反复查资料、看原著。每个参加录音的演员准备得都非常认真，在确保精准无误后才将所有文字材料和录音制品送到了中央电视台。

2008 年春，一个振奋人心的喜讯传来，送往中央电视台的文字材料和录音制品通过了审查，剧团演员需要在 7 月份赶赴中央电视台完成配像任务。得知喜讯后，杜振忠和剧团演职人员个个欣喜若狂，如沐春风。大家都非常清楚这次到中央电视台录像的重要性，这是创造保定老调新辉煌的起点，是为全国乃至世界观众奉献艺术精品的大好时机，更是振兴保定老调的新契机。于是，剧团上下团结一致，大家拧成一股绳，共同为这次录像做着准备。下乡演出的人员一人兼多职，为即将进京录像的演员们挤出排练时间，杜振忠在百忙之中抽出时间亲赴上海、哈尔滨购置服装和道具。

6 月，喜讯再次传来，国务院公布了第二批国家级非物质文化遗产名录，保定老调榜上有名。百年优秀稀有剧种，终成绝代芳华。老调艺术家王贯英得知喜讯后流下了激动的泪水，她兴奋地说："这辈子唱老调，值！咱们要好好排练，别让国家失望。"老调艺术家辛秋花的半月板损伤尚未痊愈，但当她在排练现场听到这个喜讯后，她眼里转着泪花说："我的腿不疼了。"

2008 年 7 月 13 日，杜振忠一行人受中央电视台戏曲频道《名段欣赏》节目监制、中央电视台新影集团戏曲节目部主任张辉的邀请来到北京。从 7 月 14 日开始，众人开始了紧张的录像拍摄。

保定市文化局的领导为杜振忠等人送行

杜振忠与张辉合影

7月的摄影棚里，摄像机正在立体交叉地进行着拍摄，演员们虽然体力消耗非常大，但没有丝毫怨言。彩色灯光将录制现场烘烤得灼热难忍，但为了保证拍摄效果，现场不能开空调和电扇，演员们全都抗着高温，一丝不苟地演出着。

国家一级演员、年过七旬的王贯英扮演寇准这个角色已经有半个多世纪了，虽然已是轻车熟路，但仍是没有丝毫懈怠。她表演寇准的“骆驼跪”时，头上是灼热的灯光，膝盖下是硬地毯，她一遍又一遍地配合着摄像师，拍摄完成后，她的膝盖都跪出了血。

在《潘杨讼》的一场戏中，有一个核心唱段是“太君听封”，国家一级演员、年过七旬的辛秋花需要跪着配合演出。当宋王唱完一大段“封赏”之后，辛秋花因半月板损伤，膝盖疼得站不起来，但为了保证演出效果，她硬是咬着牙，疼得满眼是泪，稳稳地站了起来。对此，杜振忠万分感动地说：“我比辛秋花老师要年轻得多，当我跪着唱完杨六郎的唱段起身时，都想用手拄一下，可辛秋花老师硬是挺起来了，我在一旁看得都掉泪了。”老调艺术家们过硬的本领、过硬的品质、过硬的技艺也赢得了中央电视台工作人员的敬佩。

7月18日，录制任务完成。中央电视台戏曲频道的负责人在对演员进行访谈时惊奇地问道：“你们一个市级剧团，一个保定地方剧种，怎么会有7位国家一级演员，这太不可思议了！”杜振忠自豪地回答：“我们是地方戏剧种中的大剧团，能演几十出大戏，优秀演员很多，获过的大奖也很多。”孙宁导演非常满意地对杜振忠说：“自从为地方戏剧种录制节目以来，给你们老调录制的数量是最多的，共录制了10多个剧目的经典唱段，这真的是前所未有的，并且年内就有望播出，可能还要连续播放呢。”果然，这次录制的节目后来在中央电视台连续播放了7天。

这次在中央电视台录制节目的经历，为保定老调剧团的发展锦上添花。

## （三）

2008年9月12日，杜振忠组织参与了由中央电视台和保定市实验小学联合举办的老调名家走进校园主题班会互动活动，中央电视台戏曲部的领导和专家、保定市政协副主席及多个单位的领导，以及保定市多家新闻媒体都参加了这次活动。中央电视台戏曲频道播出了活动盛况，为老调名家进校园活动锦上添花。

杜振忠与老调爱好者陈占国等在活动现场激情演唱

**（四）**

2009 年 5 月，杜振忠对保定老调剧团办公楼的排练室、办公室、会客室等进行了装修改造。装修后的排练室成为全省各剧团中最大、最好的排练场所，其崭新的面貌，为保定老调剧团的发展锦上添花。

2009 年 11 月 30 日，杜振忠组织并参与了在清苑县（今清苑区）滕庄村举办的保定市第八届古城戏剧节。这次戏剧节一改往届在市区固定剧场演出的做法，有保定老调剧团等 6 个专业剧团送戏到基层，用一个月的时间演出了《忠烈千秋》等百场大戏，受到广大农民朋友的高度赞扬，其焕然一新的戏剧节形式，为保定老调剧团的发展锦上添花。

戏剧节开幕后，保定市主要领导参观了保定老调剧团新装修的办公楼和排练室，现场给予了充分的肯定和高度的赞扬，为保定老调剧团的发展锦上添花。

## （五）

保定市主要领导到保定老调剧团实地考察后不久，便批准了40名老调学员到保定市艺术学校代培，市政府每年财政拨款20万元给予支持，为保定老调剧团的发展锦上添花。

# 十三、长河浪花

杜振忠是个有故事的人，在他担任保定老调剧团团长的23年时间里，发生的故事说不尽、道不完。在这里，我从他成为保定老调剧团当家人后的历史长河中，撷取几朵小小的浪花，分享给亲爱的读者们。

（一）

瑞雪初降，寒气袭人。在安新县（今属雄安新区）沈家坯村的大街上，出现了一支令人耳目一新的队伍，只见他们高举着扫帚、铁锹、二胡和琵琶，队伍高举的横幅上写着：保定老调剧团一团学雷锋先锋队慰问演出。这是保定老调一团学雷锋先锋队到沈家坯村共建文明村的一幕。数十人的大鼓队引领着队伍，缓缓地进入了村民苑庆花家的大门。村里的二十几位军属、烈属和孤寡老人早早地便占好了位置，闻讯赶来的乡亲们将小院围了个水泄不通。

那时，保定老调剧团一团的演职人员大部分是青年，杜振忠为了教育他们要学雷锋做好事，每次下乡演出，他都要带领剧团干部和青年演职人员一起为房东扫院子、担水，他们还利用休息时间为村里的军属、烈属和孤寡老人上门义务演出，此举受到了村民的广泛赞誉。

（二）

正月里的沈家坯村，天上纷纷扬扬地飘着鹅毛大雪，落到地上后瞬间化成了水。杜振忠和剧团的演职人员在这里唱了5天的戏，同时也下了5天的雪，大雪把戏棚都压塌了，此时的他们正在冒雪装车，准备赶往下一个村子演出。

那时村里还没有油漆路，沈家坯村地势低洼，雪化成水后根本流不出去，路上都是很深的积水。村干部看到雪水已经没过了演职人员的脚踝，心疼得不得了，赶忙给剧团的每个人都买了一双高筒雨鞋。就在众人装车装到第四层的时候，意外发生了，最上边的一个戏箱突然滑落了下来，擦着杜振忠的头发重重地砸在了地上，杜振忠顿时出了一身冷汗。现在回想起来，杜振忠不禁感叹：当时真的好险啊，只差那么一点点就砸在他的头上了。

为了不耽误下一个村的村民看戏，即便是再难走的路，剧团也要勇往直前，装满戏箱的卡车就这样在坑坑洼洼的小路上摇摇晃晃地艰难前行。当遇到卡车实在开不过去的路段，杜振忠总是身先士卒地跳下车，带领大家喊着号子一起用手推。

为了保定老调剧团的生存和发展，杜振忠敢于挑战一切困难。尽管如沙上建塔，但他从不曾惶惶不安，而是信念无比坚定地向前闯，竭尽全力地做着自己喜欢的事，心中充满温暖与安宁。

（三）

杜振忠带领剧团在山西省昔阳县的一个村子演出时，业务员急匆匆地跑过来说道："下一个台口派车接咱们来了，今天晚上在这个村子演完后，咱们得连夜走20多里山路到山的另一边上车。"杜振忠听后不解地问："为什么要到20多里外的地方去上车?"业务员回答道："因为连日的大雨把村里的土路封住了，卡车开不进来。"于是，当天晚上10点散戏后，杜振忠便组织大家打软包（即用幕布将服装道具打成包裹）准备出发。

在杜振忠的带领下，有演出任务的演职人员背着软包，冒着倾盆大雨，步行出村。戏箱等物品则留在村里，派一名剧团的工作人员看守。

大家深一脚浅一脚，跌跌撞撞地赶到了20多里山路外的停车处，然后登车奔向了下一个演出村庄。

山路坡陡路滑，卡车经常遇到开不上去的小坡，这时杜振忠总会第一个跳下车，然后招呼大家下来推车，他负责喊号子。就这样，众人走走停停，直到第二天凌晨四五点钟才赶到目的地。

此时的村民们都还没有起床，为了不打扰村民休息，杜振忠带着又累又困的剧团演职人员来到后台破旧的台子上，之后用树枝将台子上厚厚的一层鸟粪清理掉，众人裹着幕布，勉强地休息了一会儿。天亮后，杜振忠赶忙带领剧团的演职人员布置舞台，做演出前的准备工作。

上午9点半，杜振忠等人连早饭都顾不上吃就准时开戏了。第一场戏的剧目是《包公错断狄龙案》，杜振忠在剧中饰演狄龙。由于前一天晚上喊了一宿号子，嗓子都喊哑了，再加上连日来的奔波劳碌、着急上火，又一直没有好好休息，因此他一登台嗓子就闷了，一句也唱不出来。面对突发状况，杜振忠并没有慌张，他凭借着多年积累的舞台经验，镇静地给乐师们使了个眼色，暗示他们调整一下音阶。乐师们看到杜振忠的眼色后，顿时心领神会，随即将调门儿降到了低八度的爬丝调。杜振忠就这样半念半唱，异常艰难地才把戏唱完，之后按照程式，若无其事地迈着沉重的步子下了台。

下台后，杜振忠顾不上吃午饭，赶忙带着两个人坐卡车回到上一个演出的村子拉戏箱。到村子时已是下午，他们顾不上休息，又马不停蹄地装车，然后连夜赶回演出的村庄。回来的路上仍是走走停停，杜振忠也仍旧是喊号子，组织人员推车。

这次演出结束后，剧团的演职人员都深深地被杜振忠的这种敬业精神所感染，大家对他佩服得五体投地。

## （四）

杜振忠带领保定老调剧团在山西演出时，跑个台口特别困难，因此需要借助当地的演出公司安排台口。为了达到最好的演出效果，杜振忠在率队前往山西之前，把剧团的灯光布景全部进行了翻新，还带去了最大的灯光。

保定老调剧团当时之所以能在山西站住脚，一是因为山西人爱看武戏，恰巧保定老调剧团的武戏又非常出色，观众们都说，看保定老调剧团的武戏就像看河北杂技一样过瘾，那跟头翻得就像燕子在天上飞一样，那武打场面真叫一个精彩。每当演到武戏的时候，台下的叫好声、喝彩声总是连绵不绝。二是山西观众听不懂老调的调儿，更听不清老调的唱词，杜振忠为此特意买了新字幕，新字幕不仅字大，而且笔画清楚，这样山西观众一看就能明白唱的是什么，剧团因此受到了山西观众的一致好评。

演出公司安排台口时难免会出现断档，为了把档期排满，杜振忠在演出接近尾声时就会亲自带着业务员去县城找演出公司。那时杜振等人经常是凌晨摸着黑就从演出的村子出发，中午才能到达县城，之后赶忙请演出公司的负责人吃饭谈事。有时往回走的时候没有车了，他们就得步行四五十里地，甚至六七十里地，直到晚上才能回到演出的村庄。

（五）

在山西省演出时，为了确保演出不断档，杜振忠除了到县城找演出公司帮忙外，还发动当地看戏的百姓帮忙联系台口。

有一天，当地的一位观众对杜振忠说：“我帮你们联系好了，离这儿8里地有个村，欢迎你们去唱戏，我跟村干部也说好了，他们管吃管住，还给演出费，至于具体给多少，你们去了再定。”杜振忠在跟剧团的演职人员商量后，决定接下这个演出。

众人来到这个村子以后才发现，这是一个小村，只有几十户人家，可村民们都非常热情好客，剧团的演职人员在这里吃得好、喝得好、住得好。

那次的演出非常成功，村民们非常喜欢。演出结束，到了结账的时候，可村干部们却犯了难，原来那个村子很穷，一时半会儿凑不齐演出费。村干部们合计来商量去，最后决定让剧团把村里砖厂的砖拉走顶演出费。杜振忠跟剧团的演职人员一商量，大家都觉得这事不靠谱，索性演出费不要了，就当白演了。杜振忠见大家垂头丧气、愁眉不展的样子，用嘶哑的嗓音对大家说：“咱们就当学雷锋，做好事了。”

（六）

有一次演出时，杜振忠和演员们正在简陋的舞台上唱得起劲儿，突然戏棚“轰”地一声塌了，演员和乐师全都被埋在了台上。当观众把他们从戏棚里拉出来时，他们个个惊魂未定，灰头土脸，表情呆滞。再看身着帝装、头戴王帽的杜振忠，脸上的妆也花了，从头到脚都是尘土，看上去非常滑稽，令人啼笑皆非。

（七）

有一次杜振忠率队到唐县演出，按照计划，在结束了唐县的演出后，他们要立即到清苑县演出，一天都不能耽搁。

唐县这个台口是一个个体老板起的集市，个体老板之所以找杜振忠他们来唱老调戏，是想吸引来更多的当地老百姓和买卖人，等赚了钱以后，再分出一部分来支付剧团的演出费。

这次演出的效果非常好，台下人潮涌动，掌声、喝彩声连绵不断。可演出结束后，到了结账的时候却找不到人了。剧团第二天上午在清苑县还有演出，杜振忠和辛秋花商量后决定，他俩和会计留下来处理结账的事，其余人立即收拾戏箱赶往清苑县。

后来，杜振忠在村里挨家挨户地找这个个体老板，还找了村干部帮忙，费了九牛二虎之力才找到了他。个体老板把从集市摊位收上来的一袋子钢镚给了他们，杜振忠等人点了 5 个多小时才点清，此时夜幕已经降临。

戏演完了，个体老板不接待了，村里也不管了，铺盖也已经拉走了，杜振忠等人只得连夜赶回保定。

此时已经是晚上 9 点了，三人开始站在马路边拦车，想搭车走，可这个村子位于唐县的山区，离唐县公路还很远，因此路过的车不多，仅有的几辆路过的车对他们的招手和呐喊也都是置之不理。又饿又冷的三人打定主意，再有车过来时，三人就手拉手站到马路中间，把路堵严实。终于，一辆从内蒙古来的大车开了过来，他们三人立即站在马路中间拦停了这辆车，幸运的是这次司机好心让他们搭了车。这辆大车是矮车帮，车槽子里装着乱七八糟的东西，臭烘烘的，气味刺鼻。此时已是深夜 12 点多，车槽子里狂风打着哨音，胡吹乱卷，三人又累又饿又冷，浑身打战。他们顾不上许多，躺在散发着刺鼻臭味儿的乱七八糟的东西上面，顺手抻过一件满是油渍、臭气熏天的大羊皮袄，盖住脑袋取暖。到家时已是凌晨 3 点，三人简单洗漱了一下，然后衣不解带地休息了一会儿。凌晨 5 点，三人从保定出发，早晨 8 点赶到了清苑县演出的村子，9 点半准时开戏，一直演到夜里 10 点。杜振忠等人几乎是 24 小时没有休息，但他们没叫一声苦，没喊一声累。

## （八）

有一次杜振忠率队在石家庄的一个村子演出，按照计划，上午演完后，剧团的演职人员吃了午饭就要赶去涞源县。可演出结束后，村干部不让他们走，说村民们没看够，要求再加演两场戏，下午一场，晚上一场。杜振忠赶忙召集大伙商量，最终大家决定满足村民的要求，晚上散了戏再走。

因为唱戏不能吃太饱，所以剧团的演员几乎一天没有吃过正经饭，只是垫补了一点零食。晚上散了戏已经 10 点了，大家来不及吃饭，赶忙收拾东西准备出发，离开村子时已经是晚上 11 点多了。

凌晨 1 点，拉着剧团演职人员的大轿子车来到了阜平县，众人此时已经是饥肠辘辘。当地的饭馆早就已经关门了，经过一番寻找，杜振忠终于发现了一个食堂。他赶忙招呼众人下车，之后敲了半天门，食堂的值班人员才满脸不悦地开了门。杜振忠见状，赶紧赔着笑脸说道："我们是保定老调剧团的，唱了一整天的戏，到现在也没吃过什么正经东西，饿得实在没办法了，想在您这儿吃点饭，麻烦您帮我们整点儿吃的吧。"食堂的值班人员打着哈欠，眯缝着惺忪睡眼，有些不耐烦地说道："这深更半夜的，煤火炉子都封了，你们吃什么?"杜振忠连忙说道："吃什么都行，吃什么都行，只要能吃饱就行。"食堂的值班人员说："只有挂面，没别的。"杜振忠说："有挂面也行，就煮挂面吧。热热乎乎的，吃了舒服暖和。"

后来，食堂的值班人员捅开了煤火炉子，可火一时半会儿上不来，杜振忠就拿着扇子从煤炉底下扇风，其余人也七手八脚地把头号大铁锅蹲在了煤炉上，然后倒满水，没等水开就把挂面放了进去。等待开锅的过程好漫长，当众人看到挂面被水泡软时，也顾不上是不是煮熟了，纷纷用筷子往碗里挑面条，用勺子舀些汤倒在碗里，再撒点儿盐，然后就吃了起来。整个食堂听不见说话声，只有吸溜面条的声音。尽管挂面还有些夹生，但大家就像吃山珍海味那样起劲儿。

剧团赶到涞源时已是早晨 8 点半，大家立即全身心地投入了准备工作之中，最终 9 点半剧团准时开戏。

## （九）

杜振忠曾说，他刚担任剧团领导的时候，剧团下乡演出时都是用马车接送，后来改用拖拉机，再后来是用拉货的没有车棚的卡车。这几样交通工具在遇到下雨天时，演职人员的衣服都会被淋湿。到达演出地点后，众人做的第一件事就是晾晒被褥，换洗淋湿的衣服。要是赶上阴天，被褥晒不干，就睡不上干爽暖和的被窝儿。

有一次，剧团结束了在任丘的演出后，出发到行唐演出，装戏箱的卡车先走了，剧团里的 8 个孕妇（其中包括杜振忠的妻子）坐面包车前往。由于路面凹凸不平，面包车虽是行驶得很缓慢，但依旧颠簸得很厉害，导致有的孕妇呕吐，有的孕妇头晕目眩。

面包车正在晃晃悠悠地往前走着，突然，天降大雨，路面的低洼处瞬间就积满了雨水，道路变得泥泞难行。为了躲避路上的水坑，面包车先是撞上了道路左边的大树，左边的车窗玻璃被撞得粉碎，接着又撞到了道路右边的大树，右边的车窗玻璃也被撞得粉碎。后来，面包车又撞在了路中间的大石头上，前挡风玻璃也碎了，车里有个孕妇的膝盖还被磕破了。即便如此，车里的 8 个孕妇没有一个大呼小叫的，大家都很沉着冷静。面包车的前挡风玻璃没了，雨又越下越大，为了驾驶安全，也为了能在天黑前赶到行唐，孕妇们轮流给司机打伞，面包车就这样在大雨中走走停停，直到天黑才到达行唐。

卸车时，杜振忠发现被褥已经都被淋湿了。于是，他扛着湿淋淋的铺盖卷，拿着手电筒去村里找宿舍。路过一条深沟时，他不小心踩到一摊泥，重重地摔到了沟底。杜振忠艰难地爬出深沟，找到宿舍时他才发现，自己浑身都是泥。他顾不上换衣服，又返回停车处，把妻子湿淋淋的铺盖卷扛在肩上，然后搀扶着怀有身孕的妻子翻过沟沟坎坎来到宿舍。夫妻二人把满是泥水的衣服脱下来，换上干净的衣服，打开铺盖卷，却发现都是湿的，根本没办法躺下入睡，只好坐着休息了一夜，第二天又照常参加演出。

## （十）

有一年没有台口了，杜振忠为了做到淡季不淡，5 月份回到保定后，稍作休整，6 月份就给保定糖烟酒公司去“抬轿”，为公司的产品做宣传去了。

“抬轿”的第一站是石家庄，他们总共 60 多人，在石家庄整整干了一个月，走遍了石家庄的大街小巷。对于“抬轿”这件事，剧团里的很多人都觉得脸上挂不住，有些害臊。还有的演职人员在河北省梆子剧院里有熟人，当路过河北省梆子剧院门口时，他们就把头深深地埋在胸前，掩面含羞而过，生怕被熟人看见。尽管如此，有时还是会被熟人认出来，当事人就恨不得脚下能有个裂缝钻进去。

每天结束“抬轿”后，众人都是疲惫不堪，又饿又乏。回到住处吃饭时，每个人一口气都能吃四五个烧饼。参加“抬轿”的 40 多个男演员都挤在一个大厂房里，晚上就睡地铺。这些人里有打呼噜的、有说梦话的、有梦游的、有磨牙的，动静都挺大，但所有人都睡得香、睡得沉，没有一个失眠的。杜振忠平时睡觉很轻，有一点儿动静都会醒。可那时的他每个夜晚都是倒头便睡，睡得是那样沉实，一夜无梦，因为一天的“抬轿”真的是把人累透了。

结束了在石家庄的“抬轿”后，杜振忠又带领剧团去到邯郸，从安阳一路辗转到了洛阳等地。两个多月后，他们才回到保定休整。

## （十一）

有一次杜振忠率队去山西省昔阳县的一个村庄演出，一路上大雨滂沱。到了村子后，杜振忠发现当地百姓吃水相当困难，只能将从房顶上流下来的和从山上流到院里的雨水沉淀后再用来做饭、饮用、洗衣。杜振忠他们的住处没有经过沉淀的雨水，因此根本没有办法做饭。于是，他们找来了一口直径 2 米左右的大铁锅，锅内满是铁锈，又从路边的坑里淘来了山上流下来的红土雨水，最后煮上挂面。又从棒子地边儿上揪了两把豆角，弄了几棵小白菜，凑合着打了个卤。杜振忠说他记得很清楚，那个红土雨水煮出来的面条都是红色的，可那也得吃啊，饿急了，什么都得吃得下。

剧团里的人都说："杜团长什么罪都受得了，杜团长什么饭都吃得下。"杜振忠说："干活，我得身先士卒；吃饭，我更要带头儿。不带头儿吃，我怕你们张不开嘴，咽不下去。"

那时，有的演出村庄连油都没有，就是白水炖白菜，再撒上点儿盐，杜振忠也是呼噜呼噜地吃，别人吃不了、咽不下的，他都吃得了、咽得下。

## （十二）

天寒地冻，北风呼啸，沐浴着朝霞，杜振忠带领剧团的演职人员驱车西行，来到马家峪进行演出。

过了岭西，群山延绵，银装素裹，道路积雪成冰，犹如镜面。车轮一直在打滑，卡车仿佛在冰川上蠕动。经过一个小时的缓慢前行，卡车终于拐进了蜿蜒起伏的山道。山道在谷底，西北风长驱直入，山上白雪皑皑，路面半雪半冰，卡车继续缓慢前行。3 个多小时后，杜振忠等人才终于到达了演出地点。这是一个仅有百余户人家的小山村，美丽却不富饶，但乡亲们纯朴热情，并且非常喜欢看老调大戏。

戏棚是用帆布搭的，可容纳上千名观众。搭戏棚的平地是个风口，那天，恰逢大雪初霁，棚外寒风凛冽，棚内呼呼的风声震得人耳朵发麻，寒气直抵骨髓，剧团的演职人员被冻得浑身发抖。化妆品冻住了，就用火盆烤化；手指冻僵了，拿不住化妆用具，化不了妆，就把手伸向火盆，烤暖后再化妆。即便在这样艰苦的演出环境里，杜振忠带领的保定老调剧团始终坚持高标准、严要求，就像在城里的大剧院演出一样，一丝不苟，3 个多小时的演出在经久不息的掌声中结束。

散戏后，村民们久久不愿离去，他们都说：“这戏演得真好，就是时间太短了，才演了3个多小时，没看够啊!”村干部听了就对村民们说：“你们还想叫人家演多长时间啊，天这么冷，风这么大，人家穿得那么单薄，早都冻坏了，唱完戏就得打针输液去。”村支书王大端对杜振忠说：“你们真不愧是‘天下第一团’，唱的大戏乡亲们都爱看，明年你们还得来呀！你们要是不来，乡亲们想你们想疯了，我这村支书也就没脸再当下去了。”在场的人听了，个个开怀大笑。听着这样的话语，杜振忠心里涌起股股春潮，他紧紧握住村支书的手说：“请支书放心，明年我们一定会来!”

我觉得，那一刻，在杜振忠的心中早已储备好了丰足的力量和对村民们充沛的爱。那种力量，那份爱，足以抵抗旅途中的冰雪和艰难。

写到这里，我不禁心潮涌动，诗情勃发。

你们——可亲可敬的老调人，
昂首风雨中，
挺胸前行，
雷打不动。
雨雪滋养着你们宁折不弯的意志，
雷电烘托起你们五彩斑斓的彩虹。
当落日深邃，
投下挺拔的背影。
你们身后铺展的狂欢夜，
升腾起接地气的中国梦。
每一寸沙砾泥土，
都凝结铭记着你们的汗水，
辽阔大地，
河流山川，
都镌刻着你们脚下的征程。
你们心中装着永不服输的底气，

你们的心血，
化作一季又一季，
越开越红的杜鹃花，
将崎岖的道路染红。
你们秉持一腔热情，
挺拔成一棵棵抱紧祖国的苍松，
扎根民间舞台，
在每片叶子上，
写下你们的青春日记，
沸腾的青春热血，
让你们昂首高歌唱大风。
你们无怨无悔，
饱蘸淋漓的风雨雷电，
写意舞台岁月永不褪色的彩虹。
你们——老调人，
把青春献给老调事业，
用意志，
接受考验与挑战，
用信念，
让自己如骏马腾空。
在风刀霜剑里，
洗礼出铁骨铮铮。
于混浊的泥流中，
显示出真正的英雄。
用点燃青春的方式，
让梦想升腾。
你们蘸着热血，
画出世间最美丽的风景。
将真情烙印心间，

用烈火般的激情，
用无私的大爱，
写意出一个个静好的春天，
让遍地洒满鸟语花香的温情。
夏日炙烤着辽阔的原野，
群山呼啸着早春的狂风。
冬日的雪花在山脊浩荡不绝，
连绵秋雨散发着潮湿阴冷。
无论风霜雨雪，
任凭风急浪险，
为着老调的辉煌，
你们义无反顾，
向上攀登。
你们——老调人，
满怀忠贞爱国的赤子之情，
用潇洒和自信，
去传承老调的流光溢彩，
去延续老调的恢宏，
其乐无穷。

杜振忠的老调人生

# 夕阳烈烈

2011 年 4 月，杜振忠卸任保定老调剧团团长后仍然心系老调事业的发展，他积极组织老调进校园、进社区、进农村，日子过得非常充实。曾有一位戏迷这样形容他："哪里有老调，哪里就有杜振忠。哪里有杜振忠，哪里就有老调。"杜振忠也常说："老调养育了我、成就了我，现在退休了，我迫切希望老调艺术后继有人，我要学到老、教到老，无论多难，我也一定要把老调这面旗帜传递到下一代人的手中。"

退休后的杜振忠经常在各种会议上进行公益性的演出，活跃现场气氛。每逢重大节日时，或有上级领导来保定检查工作时，他都会组织并参与演出活动，受到社会各界人士的好评。同时，他还积极为广大老调的戏迷和票友们搭建平台，将他们召集起来进行辅导、培训，不但提高了他们的演唱水平，还为传承老调艺术打下了坚实的基础。他还到保定市艺术学校对小演员们进行手把手地指导，帮孩子们排演了《潘杨讼》折子戏，对传承、弘扬老调艺术做出了极大的贡献。

杜振忠在保定市艺术学校授课

# 一、走进校园

## （一）

一根常青藤，开出满树花。

文化是民族的根，精神是民族的魂，传统是民族的本。老调戏曲艺术是保定传统文化的代表，老调戏曲进校园也是在践行中华民族伟大复兴的中国梦。

2014 年 4 月 24 日，杜振忠按照相关领导的安排，开展了老调戏曲进校园活动。他们相继走进了保定市二中分校和河北安国中学，传承非遗保护项目——保定老调，受到学校师生的热烈欢迎。

2014 年 10 月 30 日下午，杜振忠站在保定市二中分校的讲台上说："作为国家一级演员，作为老调非遗传承人，我有责任、有义务将保定老调传承给青少年，让更多的青少年喜欢上老调、爱听老调，并且爱唱老调，使保定老调这一有着几百年历史的剧种世代相传!"此时的杜振忠气宇轩昂、腰板挺直、精神饱满，说出的话掷地有声，依稀还能看出他当年在舞台上的俊朗风姿。

他说，南市区（今莲池区）是保定的老城区，辖区内古莲花池、直隶总督署、大慈阁、淮军公所、清河道署等历史古迹众多，文化底蕴深厚。本土文化是养育青少年的精神之水，是涵养青少年的文化之源。青少年如果不知道本土的历史人文，无疑是教育上的缺失。

他说，如何就地取材，把握本土特色，让本土的老调戏曲走进校园，引导学生保护和弘扬本土文化的精华，继承和创新民族传统文化，激发热爱家乡、建设家乡的激情，为构建和谐社会献策出力，是新时期学校文化教育的一个重要课题。

他说，保定有着丰厚的文化底蕴和厚重的历史文化，发掘和推广本土文化的过程，本身就是对本土文化的再弘扬、再提升。保定老调作为一个地方戏曲，艺术根基深厚，他作为一个老调艺术传承人，感到无比自豪。

戏曲进校园活动走进保定市二中分校

杜振忠与保定市二中分校师生的合影

杜振忠的演讲别开生面，其中还综合了戏曲表演中唱腔、台步、脸谱等艺术特征，在现场边表演、边讲解，不仅为学生们留置了感受空间，还大大提高了学生们对老调戏曲艺术的接受能力，加深了他们对老调戏曲艺术的理解。

自 2017 年 4 月开始，杜振忠连续 3 年走进保定市二中分校开展了老调戏曲进校园活动，让广大师生如饮甘露、如沐春风，受到了广大师生的高度赞扬。

（二）

2017 年 5 月，杜振忠应邀走进保定学院和定兴职教中心，为全校师生奉献了一场老调文化盛宴，在广大师生的心中点燃了老调的火种。

杜振忠与保定学院师生的合影

杜振忠在活动现场说："我认为从事艺术工作，重在体验生活、体验人性、体验人的思想感情、体验爱。老调戏曲艺术是生于斯长于斯的本土艺术，传承和弘扬老调艺术，我责无旁贷。我要竭尽所能，做到对得起祖宗传承下来的艺术。老艺术家们的口传心授很重要，字、韵、味儿都不是拿着曲谱就可以展现出来的，所以我希望青少年们一定要认认真真地传承，把老艺术家们的艺术精髓学到手，只有这样才有资本、有能力去驾驭新角色，才能把新创编的老调戏演好。我钟爱老调事业，我为老调而生，为老调而死，绝不后悔。我要向更高的目标冲刺，给老师和学生们奉献更多、更好的老调戏。”

他还说：“老调戏曲进校园活动迈出了戏曲传承的新步伐，掀开了中华传统文化传承的新篇章。老调戏曲艺术有了青少年学生这样的传承者和弘扬者，一定可以走向新的辉煌！”

## （三）

2017 年 12 月，杜振忠带领老调艺术家团队陆续走进保定市第十九中学、满城中学、满城实验小学、徐水一中、徐水张丰学校等 5 所学校，演唱了老调经典剧目中的经典唱段，受到广大师生的欢迎与好评。演出结束后，杜振忠还进行了精彩的讲解，现场掌声、欢呼声连绵不断。

戏曲进校园活动走进满城实验小学

## （四）

2018 年 1 月，杜振忠带领老调艺术家团队走进保定市朱庄小学，进行了讲课、教唱、表演等活动，深受广大师生的赞誉。

杜振忠在保定市朱庄小学授课

2018 年 3 月，杜振忠来到保定市新市场小学、保定市卫生路小学等学校开展老调戏曲进校园活动。通过现场教唱老调的经典唱段，指导舞台动作，大大提高了学生们对老调戏曲的兴趣。

2018 年 5 月 18 日，杜振忠参加了保定市文化广电新闻出版局主办的保定市 2018 年非遗进校园活动启动仪式暨非遗进校园展演，进一步向广大师生展示了保定老调的文化魅力。

2018 年 9 月 1 日，保定市河北小学正式聘任杜振忠为名誉校长，对学校的 100 多名小学生进行全面培养，并排演老调戏，让学生们亲身体验和感受老调戏曲的文化魅力。

2018 年 10 月 11 日，杜振忠带领保定市直隶老调艺术研究院的精英团队开展了老调戏曲进校园从娃娃抓起活动，先后到阜平县保师附校白河分校、阜平县城厢中学等学校进行了表演和讲解。

戏曲进校园活动走进阜平县保师附校白河分校

戏曲进校园活动走进阜平县城厢中学

戏曲进校园活动走进保定市新市场小学

（五）

2018年10月16日，保定电视台到保定市新市场小学录制了特别节目，杜振忠不仅在现场演唱了老调的经典唱段，还为学生们讲解了戏曲中生、旦、净、末、丑的角色知识，并对学生们进行了身段表演的指导。杜振忠精湛的演技、扎实的演唱功底和高超的艺术表现力，深深地感染了现场的广大师生。

2018年12月，杜振忠带领保定市直隶老调艺术研究院的精英团队再次走进保定市新市场小学开展老调戏曲进校园活动，为学生们举办了老调戏曲知识讲座，并排演了老调剧目。杜振忠指导学生们排演的《潘杨讼》选段曾在中央电视台戏曲频道的《快乐戏园》节目中播出，还曾在保定电视台播出，受到了广大观众的称赞。

保定市新市场小学校长宋爱梅说：“自2016年将老调引进校园后，我们创立了老调社团，戏曲中刚正不阿、坚如磐石的爱国主义情怀值得我们学习。学生们在学唱老调经典剧目，感受老调戏曲魅力的同时，还能培养他们爱国、爱党之情。”杜振忠与宋爱梅校长达成了共识：对于传承老调艺术，不能仅仅停留在对原有作品的传承，更要开拓创新。于是，双方携手将红色教育和爱国主义教育融入传统剧目中，对老调艺术进行了创新，先后编创了《不忘初心代代传》《今天是你的生日》《歌颂新时代》等老调剧目，引导学生时刻谨记热爱祖国、弘扬华夏文明。

在杜振忠的精心指导下，保定市新市场小学老调社团演唱的《不忘初心代代传》应邀参加了保定市竞秀区举办的“不忘初心跟党走，牢记使命勇担当”

戏曲进校园活动之老调新唱《党啊，亲爱的妈妈》

戏曲进校园活动之老调新唱《歌颂新时代》

彩色周末活动。

2019 年，为了庆祝新中国成立七十周年，表达对伟大祖国的热爱之情，杜振忠与保定市新市场小学老调社团共同编创了《今天是你的生日》。国庆节期间，保定市新市场小学老调剧团用这个作品参加了直隶小老虎“在新时代的阳光下歌唱”系列活动，受到了一致好评。

（六）

2018 年 12 月 8 日，杜振忠为保定市河北小学排演的《潘杨讼》入选了保定市春晚首选节目，并成为此次春晚唯一的一个戏曲节目。

2019 年 1 月 3 日，杜振忠带领保定市直隶老调艺术研究院的精英团队到雄县的 4 所学校举办了老调戏曲进校园活动，深受广大师生的好评。

2019 年 1 月 24 日，杜振忠为保定市河北小学辅导的老调选段参加了保定市的演出，受到了一致好评。

2019 年 1 月 26 日，杜振忠组织保定市河北小学的 4 名学生参加了保定市文化广电和旅游局在保定城市低碳公园举办的“非遗传承基地”庆祝活动。

杜振忠带领河北小学的学生们参加“非遗传承基地”庆祝活动

（七）

2019 年 11 月 26 日，由中共保定市委宣传部、保定市文明办、保定市教育局、保定市文化广电和旅游局、保定市财政局共同主办，保定市艺术剧院承办的“保定市戏曲文化进校园”活动来到了保定市江城中学。杜振忠带领众多老调艺术家们亲临现场，参与了启动仪式。活动中，杜振忠与老调艺术家们向学生们讲解了保定老调艺术的发展和历史，并进行了现场表演和戏曲知识的普及。

杜振忠在《红衣仙子》选段中的扮相

此次“保定戏曲进校园”活动不仅弘扬了中华传统文化，提高了学生们的艺术审美素养，还为他们搭建了一个欣赏和体验的平台，进一步增进了他们对中华民族传统文化的认同感和自豪感。

（八）

2019 年 12 月 4 日，杜振忠带领保定市直隶老调艺术研究院的艺术家们来到保定市第七中学开展了老调戏曲进校园活动，为高一年级的师生带去了精彩的保定老调唱段表演。

活动开始前，保定市第七中学的副校长薛春燕对杜振忠等艺术家们表示了热烈的欢迎和衷心的感谢。她说，戏曲艺术是中华民族的瑰宝，对戏曲艺术的传承是每个中国人的责任，学生们应该从自身做起，努力做好一个传统文化的传承者。随后，杜振忠为学生们生动形象地讲解了保定老调的发展和历史，深入浅出地让学生们了解了保定老调的文化底蕴，以及戏曲行当的专业知识，并为大家进行了精彩的表演。

活动结束后，学生们纷纷表示在今后的学习生活中会更多关注保定老调，会努力将自己家乡的戏曲文化发扬光大。

（九）

2019 年 12 月 10 日，杜振忠带领老调艺术家团队走进河北小学教育集团青堡校区的课堂，开展了老调戏曲进校园活动。此次活动不仅使学生们充分感受到了老调艺术的文化魅力，还增强了学生们的民族自豪感和文化自信。活动中，通过唱段欣赏和身段体验，激发了学生们对中华优秀传统文化的学习热情，对弘扬和传承中华优秀民族文化起到了积极的推动作用。

杜振忠表演《红衣仙子》选段

2020 年 2 月 10 日至 9 月 30 日，杜振忠坚持在保定市河北小学举办的城乡互动网络课堂上进行授课，授课的主要内容是教唱老调和讲解戏曲知识。

杜振忠带领河北小学的学生们上网络直播课

自 2020 年 9 月开始，杜振忠每周三下午会到保定市河北小学进行现场授课，每周四下午会到保定市新市场小学进行现场授课，每周五下午会到河北保定师范附属学校进行现场授课。

杜振忠在河北小学的授课现场

戏曲进校园活动走进保定市新市场小学

戏曲进校园活动走进河北保定师范附属学校

## （十）

2020 年 12 月 20 日，杜振忠陪同《北方戏曲传媒》的专家们参观了河北小学的非物质文化遗产传承基地。

杜振忠与《北方戏曲传媒》的主编李天安合影

在学校的西南角，走进写着“戏园”二字的园门，便是河北小学保定老调传承基地。进了门，两侧墙上卡通风格的戏曲行当脸谱惟妙惟肖，戏曲知识展厅内有图文并茂的展示资料，排练厅里各种服装道具一应俱全。专家们看过以后说：非物质文化遗产进校园是对青少年进行美育的重要途径，保定市河北小学的领导高瞻远瞩，积极开展戏曲文化进校园活动，特别是将保定本土文化——保定老调在校园里进行传播，使越来越多的学生被戏曲的文化魅力所吸引，这是值得称道的。在传统艺术浸润童心的同时，也为保定老调的发展注入了新鲜血液，这是值得赞美的。对此，杜振忠说："河北小学建立的保定老调传承基地相当给力，我没有理由不竭尽全力地传承老调，没有理由不掏心掏肺地教学生们唱老调。"

为了进一步加大对老调艺术的传承力度，2020 年第四季度，河北小学的老调二课堂又招收了一批新成员，其中三、四年级各 30 人。对此，杜振忠说："要一个年级一个年级地传承下去，让老调艺术的火种永远烈烈燃烧！"

杜振忠在河北小学的老调二课堂授课

## （十一）

2021 年 1 月 1 日，杜振忠参加了保定市新市场小学举办的庆元旦活动，他在现场用老调的唱腔，带领学生们演唱了《党啊，亲爱的妈妈》。他们的演唱坚定有力、铿锵豪迈，深情款款地歌颂了伟大的中国共产党，浓浓的爱国之情、爱党之情喷薄而出，感人肺腑，博得了掌声一片。

杜振忠教育学生们对文化的继承不能仅仅停留在对作品的传承上，更要学会开拓创新。他在帮助学生们了解了老调的声腔后，再将红色教育和爱国主义教育融入传统老调的声腔中，进行老调创编。杜振忠先后带领学生们编创了《不忘初心代代传》《今天是你的生日》《歌颂新时代》等老调新韵，引导学生们时刻谨记热爱祖国、弘扬华夏文明。

保定市新市场小学庆元旦活动现场

## （十二）

为了弘扬传统文化，传承地方戏曲，同时让幼儿从小便能感受到老调戏曲的艺术魅力，2021 年 4 月 13 日，杜振忠和韩文梅、石艳梅等老调表演艺术家到阜平县白河幼儿园开展了戏曲进校园活动。

戏曲进校园活动走进阜平县白河幼儿园

杜振忠为小朋友们讲解老调服饰的知识

活动现场，老调表演艺术家们以高亢激昂的唱腔和娴熟高超的表演技巧，为幼儿园师生带去了一场独具特色的视听盛宴，赢得了阵阵欢呼与惊叹。

表演结束后，老调表演艺术家们还为现场的小朋友们生动地讲解了戏曲的服饰、妆面等知识，并手把手教他们戏曲表演身段和基本功，让孩子们近距离感受了戏曲艺术的魅力，增加了他们对老调戏曲的认知。

此次活动不仅推广了老调戏曲文化，激发了小朋友们对传统戏曲艺术的兴趣，还潜移默化地增强了他们的文化自信，树立了正确的审美观念，同时让中华优秀传统文化在小朋友们心中生根发芽。

杜振忠等人与阜平县白河幼儿园的领导和小朋友们合影

## （十三）

2021 年 5 月 9 日，杜振忠参加了保定市青年路幼儿园举办的“红心拳拳念党情，梨园春曲颂母恩”庆祝建党 100 周年戏曲演出活动。

演出活动中，杜振忠带领十几位小朋友表演了《潘杨讼》选段，他们以饱满的热情倾情演出，得到了现场观众的热烈掌声。演出间隙，杜振忠还手把手地教孩子们唱老调，亲自给孩子们化妆、带髯口，在孩子们幼小的心灵中留下了深深的老调情怀。

杜振忠与保定市青年路幼儿园的小朋友合影

## （十四）

2021 年 6 月 15 日，保定市河北小学举办了非遗进校园展演活动，杜振忠带领他的小弟子们激情洋溢地参加了这次活动。

这次展演活动让学生们大饱眼福，他们不仅近距离了解、学习、体验了非遗的文化内涵，还亲眼见到了家乡文化的博大精深，个个受益匪浅。

（十五）

2021年6月24日，河北金融学院人文艺术教育教学部举办了客座教授聘任仪式，杜振忠因其在老调戏曲进校园活动中的突出表现，被聘任为河北金融学院人文艺术教育教学部的客座教授。

聘书

兹聘请 杜振忠

河北金融学院人文艺术教育教学部

客座教授

聘期 年

人文艺术教育教学部

二〇二一年 六月

聘书

仪式现场，河北金融学院纪委书记张绍红向杜振忠颁发了聘书，并指出："目前，金融学院正处于党史学习教育和校园文化建设的关键期，聘任客座教授，将为加强师资团队建设和文化艺术、美育育人功能发挥、全面提高人才培养质量提供重要支持。期待杜振忠能在师生中广泛播撒非遗文化之花，让全校师生近距离感受传统文化的深厚内涵，坚定文化自信。"

随后，保定市悦众集团董事长陈爱军全面介绍了杜振忠在非物质文化遗产传承方面做出的突出贡献，对杜振忠利用一切机会、不遗余力地传播老调艺术，厚爱校园文化热土，撒下老调艺术种子的热情表示钦佩，并对河北金融学院搭

河北金融学院校外专家聘任仪式现场

（由左右至依次为王晓波、张绍红、杜振忠、田钰莹）

建的“非遗文化进校园”文化平台表示了充分的肯定。

杜振忠表示：他愿竭尽全力推进“非遗文化进校园”系列活动的开展，助推河北金融学院建设成为文化底蕴深厚、具有地方特色和时代特征的非物质文化遗产传承示范高校，愿与广大师生一起，共同为文化遗产的传承与发展贡献力量。

（十六）

2021 年 6 月下旬，杜振忠带领着保定市河北小学的 4 位小弟子参加了在保定市直隶总督署举办的“胸怀千秋伟业，恰是百年风华”——庆祝中国共产党成立 100 周年文艺演出与美术作品展活动，他们彩唱的《红衣仙子》经典名段受到了现场领导和书画艺术家们的一致好评与赞赏。

杜振忠与河北小学的 4 位小弟子一起参加文艺演出

## （十七）

2021 年 6 月底，杜振忠带领着保定市河北小学的小弟子们参加了由保定市莲池区教体系统举办的庆祝中国共产党建党 100 周年文艺会演。杜振忠倾心创作编排的少儿老调节目《花团锦簇》，令现场观众爆发出了此起彼伏的掌声。

杜振忠等人与河北小学的小弟子们一起参加文艺会演

（十八）

2021年7月1日，保定市河北小学举行了庆祝建党百年活动，有2000余名师生参加，可谓盛况空前。

活动一开场，杜振忠带领学生们在学校的广场上同唱由候洪义作词的老调新唱《百年风雨百年情》。优美的老调伴奏旋律和众人字正腔圆的唱腔，在整个广场的上空飘荡，精彩绝伦，震撼人心。此时，60人高举一面100平方米的鲜艳红旗在演唱队伍中间来回穿梭，场面极为壮观，撼人心魄，瞬间把庆祝活动推向了高潮。

杜振忠与河北小学的2000余名师生同唱《百年风雨百年情》

从保定老调剧团团长的岗位上退下来以后，传承老调几乎成了杜振忠生活的全部。从2003年开始推动老调戏曲进校园活动到现在，他都已经记不清教过多少学生了。

近几年来，杜振忠带领保定市直隶老调艺术研究院的艺术家们先后组织开展了100多场戏曲文化进校园系列活动，共走进30多所学校，每年授课人数达千余人。

通过杜振忠组织并参与的多次老调戏曲进校园活动，使广大师生深入地了解了保定老调的戏曲文化，也进一步了解了保定的地域文化。在活动过程中，广大师生不仅学到了基本的戏曲知识，在校园营造了欣赏和学唱老调经典唱段的氛围，还达到了熟悉老调、尊重艺术、传承文化、提高艺术素养的目的。保定市多所学校的领导均表示：将来会进一步以学生社团为活动阵地，开辟学生戏曲舞台，挖掘培育戏曲人才，将保定老调作为一项特色文化活动，引领学生接触、理解、鉴赏老调艺术，接受中华民族优秀精神文明成果的洗礼，为学生们提供高层次、高境界的精神文化生活，建设“向真、向善、向美、向上”的校园文化，营造良好的育人环境。

杜振忠曾说：“为了搞好老调戏曲进校园活动，我们必须把创排优秀作品、培育优秀人才作为中心任务，精准复排经典老戏，积极改编传统戏，大力创排现代戏，打造更多思想精深、艺术精湛、制作精良的优秀作品。通过多种形式，努力推动老调戏曲艺术进入广大学生的视野，在学生们心中深扎根、结硕果。”

说到未来的日子，杜振忠依然豪情满怀，他说他要力争活到 100 岁，只要他一息尚存，他就要坚持进校园传唱老调、传播老调，让老调艺术薪火相传、生生不息、后继有人。

# 二、余热生辉

**（一）活动频繁**

（1）为深入贯彻保定市委、市政府提出的文化引领战略，弘扬德信文化主旋律，体现广大中老年人用艺术形式颂扬和谐保定的大好局面，活跃全市中老年人的精神文化生活，展示他们良好的精神风貌和精湛才艺，进一步营造尊老敬老传统美德的社会氛围，杜振忠在相关部门的支持下，组织举办了保定市中老年才艺风采大赛。

此次大赛有舞蹈、独唱、合唱、戏曲等多种表演形式，以弘扬德信文化、引领健康生活为主题，展现中老年人的健康形象和风采，引导更多的中老年人拥有健康、充实、快乐的生活，让广大有一技之长的中老年朋友用艺术的形式颂扬幸福保定、和谐保定，进一步形成老有所学、老有所乐、老有所为，以及健康生活、奉献社会、积极向上、乐观养老的新理念。

通过这次大赛，不仅丰富了保定市中老年人的文化生活，陶冶了中老年人的生活情操，还引导中老年人形成了积极向上的生活态度，进一步推动了保定文化强市的建设。

（2）在相关部门的支持下，杜振忠组织举办了保定市中青年歌手大赛，吸引了来自全市各行各业的众多文艺爱好者报名参加。选手们个个精神饱满，青春昂扬，亮嗓献歌，气氛热烈。大赛共分为初赛、复赛、决赛等 3 个阶段，最终评选出美声、民族、流行等 3 个组别的不同奖项。

杜振忠说："这次大赛旨在掀起全市文化文艺新高潮，打造在河北省，乃至全国范围内叫得响的文化品牌，推动保定文化向高质量发展。"在绚丽的舞台上，选手们诠释着自己对歌唱的热爱，触动人心，感动全场。

这次大赛是保定市中青年歌手放飞梦想、展示才艺、提升水平的重要阶梯，是保定市中青年展示自我的重要舞台，也是保定市艺术文化部门发现艺术苗子、培养音乐人才的平台，同时也推动了保定市中青年精神文明建设的大发展，受到了广大中青年的关注和社会各界的肯定。

（3）杜振忠组织举办了以“歌唱祖国盛世华诞，与民同乐喜迎中秋”为主题的中秋之夜戏曲演唱会，戏曲演员们用精湛的艺术、优美的唱腔为现场观众们奉献了一场优美的戏剧大餐，杜振忠在演唱会上表演了《潘杨讼》选段。

杜振忠说，戏曲工作者肩负着启迪思想、陶冶情操、温润心灵的重要职责，要坚持以明德引领风尚，在丰富群众业余生活的同时，向广大群众传递正能量。要本着文化强市的新时代责任，以戏曲活动为依托，将优秀的戏曲文化传送到千家万户，以实际行动当好优秀传统文化的守护者和传承者。要扎根人民、扎根生活，创作更多思想精深、艺术精湛、制作精良的优秀作品奉献给广大观众。

整场演唱会，演员们的唱腔醇厚纯正，每一个唱段都展现出了戏曲艺术的深厚文化底蕴，让台下的戏迷和票友们看得如痴如醉，喜悦的表情始终挂在他们的脸上。这场演唱会不仅传播了中华优秀传统文化，还极大地丰富了全市人民群众的精神文化生活。

（4）为了弘扬老调传统文化，自 2016 年开始，每年 6 月的第二个星期六——文化和自然遗产日，杜振忠都会组织老调戏迷和票友们演唱老调。戏迷和票友们纷纷献唱，尽展风姿，唱了很多有价值导向、有文化内涵、有情感温度的老调经典选段，对传承和发扬保定老调起到了重要的推动作用。

（5）2016 年 12 月 16 日保定市直隶老调艺术研究院成立后，杜振忠便经常组织老调名家到多地演出，同时认真完成各级领导交办的任务。

（6）2017 年，杜振忠组织老调名家相继开展了“庆五一”“庆七一”“庆八一”“庆重阳”“迎新年”等系列演出活动，受到了广大观众的赞扬。

（7）2017 年 4 月，杜振忠组织老调名家进社区、进公园、进校园进行演出，圆满完成了保定市文化广电新闻出版局布置的任务。

（8）2017 年 5 月 9 日，杜振忠组织举办了保定老调表演艺术家辛秋花从艺 60 周年暨保定老调书系首发座谈会。这次活动由保定市文化广电新闻出版局主办，保定艺术剧院、保定市直隶老调艺术研究院承办，旨在庆祝保定老调表演艺术家辛秋花从艺 60 周年，以激发保定市广大文艺工作者爱岗敬业、精益求精的热情，促进保定老调及其他文化事业的繁荣发展。

保定老调表演艺术家辛秋花从艺 60 周年暨保定老调书系首发座谈会现场

座谈会上，河北省文化厅非遗处副处长谢建宝代表省文化厅致辞，向以辛秋花先生为代表的、多年来为保定老调艺术的传承和发展做出重要贡献的老艺术家们表示衷心的感谢，对辛秋花先生在保定老调艺术传承及保定市文广新局在保定老调文化保护方面的贡献和成果给予了充分肯定，省文化厅将一如既往地继续支持以保定老调为代表的保定戏曲的传承保护与创新发展，盼望老调艺术历久弥新。

河北省戏剧家协会副主席贾吉庆在座谈会上指出，以辛秋花先生为代表的老一辈艺术家对戏曲事业的热爱，对戏曲艺术的追求，为河北省的戏曲事业发展做出了卓越贡献，是河北戏曲的骄傲。对保定市文广新局主办的这次座谈会也给予了充分肯定，并表示这种文化活动非常有意义，希望以后要多多举办。

座谈会上，辛秋花先生对出席座谈会的领导、嘉宾和艺术家们表示了衷心的感谢，感谢大家对自己和保定老调的支持、关爱和呵护，希望在大家的共同努力下，保定老调可以艺术长青。

座谈会上，保定市文广新局局长赵其国在总结发言时指出，保定老调作为国家级非物质文化遗产，目前亟待保护、传承和发展，需要保定市委、市政府和社会各界的大力支持和关怀，希望在这“三驾马车”的拉力下，助力保定老调焕发新机，将保定老调发扬光大，愿保定老调像雄安新区一样雄起。

座谈会上，杜振忠的发言更是感人肺腑。他说，王贯英先生是他的老师，辛秋花先生是他的伯乐，他要以她们为榜样，永远高举老调旗帜，承前启后，把她们的优良作风和艺术精品努力传承下去，并不断发扬光大。

(9) 2017 年 6 月 16 日，杜振忠组织参与了保定市文化和自然遗产日非遗展演活动，他现场演唱了老调唱段，赢得了观众们的阵阵掌声。

(10) 2017 年 8 月，杜振忠在徐水组织举办了保定市彩色周末系列活动折子戏专场，受到了当地百姓的一致好评。

(11) 2017 年 8 月 28 日，杜振忠组织举办了首届“华陵杯”老调戏曲票友大赛，此次大赛由保定市直隶老调艺术研究院承办。8 月 10 日赛事启动，在多地进行了海选，来自保定周边市、县的老调爱好者们踊跃参加，最终有近 200 名老调票友报名，其中有 40 名选手参加了 8 月 21 日的预赛，胜出的 15 名选手参加了 8 月 28 日举行的决赛。

杜振忠与大赛领导及评委合影

(由左至右依次为周玉生、陈爱军、张秀娟、蒋兴国、石艳梅、杜振忠、张春燕)

决赛的专家评委团由国家一级演员、保定老调省级传承人、保定市直隶老调艺术研究院院长杜振忠，国家一级演员、保定老调省级传承人、保定市直隶老调艺术研究院常务副院长石艳梅，国家一级导演、保定市直隶老调艺术研究院副院长蒋兴国，国家一级演员、保定老调省级传承人、保定市直隶老调艺术研究院副院长兼秘书长张春燕组成。经过激烈角逐，贾卫、夏艳凤、杨欢等 15 名选手分别获得了一、二、三等奖和优秀奖。

（12）2017 年 8 月 30 日，杜振忠组织老调艺术家们走进徐水梁家营村的书画艺术小镇，举办了彩色周末活动，演出了《忠烈千秋》等折子戏，受到当地及周边村民的热烈欢迎和一致好评。

彩色周末活动现场

（13）自 2017 年 12 月 15 日开始，杜振忠每逢周末都会组织老调艺术家和戏迷票友们举办欢乐周末演唱活动。

（14）2017 年 12 月 16 日，杜振忠组织举办了“庆元旦迎新春，庆祝老调艺术研究院成立一周年”演出活动。

（15）2017 年 12 月 21 日，杜振忠组织相关人员举办了“爱家乡，唱老调，阜平籍老调戏迷专场演唱会”。

（16）2018 年 3 月 3 日，杜振忠组织老调艺术家们在徐水梁家营村的书画艺术小镇举办了惠民演出活动，演出了折子戏，受到当地百姓的广泛好评。

（17）2018 年 3 月 4 日，杜振忠组织老调艺术家们赴定兴县王实甫大剧院演出，受到了定兴县广大观众的一致好评。

（18）2018 年 6 月 8 日至 9 日，杜振忠组织保定市直隶老调艺术研究院的成员参加了由保定市文化广播新闻出版局主办的保定市 2018 年文化和自然遗产日宣传和展演活动。

（19）2018 年 6 月 16 日，杜振忠组织参加了由保定市文化广电新闻出版局主办，在北京园博园举行的 2018 年“花开丰台”端午文化游园会演出活动。

杜振忠在端午文化游园会演出活动现场

（20）2018 年 9 月 23 日，为了弘扬我国敬老爱老的传统美德，也为了丰富众多老调艺术家的晚年文化生活，杜振忠组织保定市直隶老调艺术研究院的成员和保定老调剧团退休的老艺术家们，在欢快祥和的氛围中整整唱了一上午的老调。

（21）2020 年 1 月 15 日，杜振忠组织保定市河北小学的学生参加了由保定市群众艺术馆举办的“我们的中国梦，文化进万家”迎新年演出活动。

迎新年演出活动现场

（22）2020 年 5 月 16 日，杜振忠组织相关人员在保定市河北小学的城乡互动网络课堂上举办了老调名家新蕾传承实践演唱会，受到了广大师生的好评。

演唱会全体人员合影

（23）2020 年 5 月 31 日，杜振忠组织相关人员举办了保定市直隶老调艺术研究院四访雄安民间老调团体演唱会，在当地反响强烈。

（24）2020 年 6 月 3 日，杜振忠组织保定市河北小学的学生录制了《战疫情》节目，受到观众的一致好评。

（25）2020 年 6 月 13 日，在保定艺术学校的开学第一课上，杜振忠组织举办了师生共同参与的演唱会。

（26）2020 年 8 月 1 日，杜振忠组织保定市河北小学的学生参加了城乡大舞台揭牌仪式暨庆八一保定老调在阜平龙泉关镇西刘庄村的演出活动，受到了村民们的热烈欢迎。

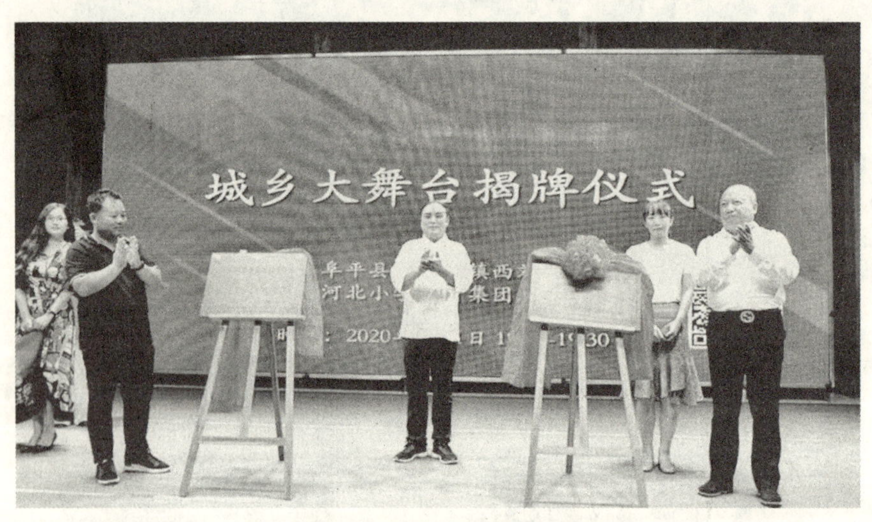


城乡大舞台揭牌仪式现场

（27）2020 年 8 月 30 日，杜振忠组织参加了保定艺术学校在保定市关汉卿大剧院举办的演出活动，演出了《山里娃娃城里妈》。

（28）2020 年 10 月 25 日，杜振忠组织保定市直隶老调艺术研究院的成员和保定市老调剧团退休的老艺术家们举行了别开生面的茶话会。

（29）2020 年 10 月 30 日，杜振忠组织保定市直隶老调艺术研究院的成员在徐水梁家营村的书画艺术小镇，为中央媒体和国家级专家演出了《忠烈千秋》折子戏，受到一致好评。

杜振忠在保定市关汉卿大剧院表演《山里娃娃城里妈》

（30）2020 年 12 月 23 日，杜振忠组织保定市直隶老调艺术研究院的成员参加了由保定市计划生育协会主办，保定市莲池区计划生育协会、保定市直隶老调艺术研究院、保定市心理健康研究会、保定远碧斋水乡鱼宴等单位协办的“暖心家园”迎新年戏曲联欢会。他演唱的《潘杨讼》选段唱腔雄浑宽厚、雄壮有力，赢得了现场观众的热烈掌声与喝彩声。

（31）2020 年 12 月 31 日，杜振忠组织保定市直隶老调艺术研究院的成员和广大戏迷举办了辞旧迎新茶话会。众人欢聚一堂，进行了精彩的老调名段展演，现场掌声不断。

茶话会的最后杜振忠表示，2020 年是极不平凡的一年。这一年，他们组织参与了市级以上的活动近 30 场，前往北京、雄安新区，以及保定的徐水、阜平、唐县等地进行了多场惠民演出，还多次组织老调艺术家前往学校、农村、社区等场所进行教学，努力发扬老一代老调艺术家的传帮带精神，同时大力推进戏曲文化进校园活动，培养出了一批又一批传唱老调的新人。

杜振忠还表示，2021 年要带领大家继续努力，不忘初心，牢记使命，砥砺前行，再接再厉，让保定老调更加辉煌，更具生命力，为弘扬国家级非物质文化遗产——保定老调而奋斗不息。

### （二）录制节目

（1）2016 年 11 月 11 日，中央电视台特邀杜振忠参加“东西南北中，唱响中国梦”暨戏曲频道《快乐戏园》栏目的录制，录制了他的拿手好戏《盘夫》（饰演曾荣），并于 2017 年在中央电视台戏曲频道播出，受到广大观众的好评。

（2）2017 年 5 月 14 日，中央电视台戏曲频道《快乐戏园》栏目创办的第一期“欢聚一堂”，特邀杜振忠录制了《红衣仙子》选段（饰演时庭芳），播出后受到观众的好评。

杜振忠在中央电视台录制《红衣仙子》选段

（3）2018 年 4 月 18 日至 25 日，杜振忠组织保定市直隶老调艺术研究院的成员配合中央电视台和保定电视台，用 7 天的时间共录制了 40 多个节目。后来，中央电视台共播出了 3 期，保定电视台在《校园内外，戏韵古城》栏目中连续播放了两个多月，为保定的戏曲传承做出了突出贡献。

（4）2019 年 12 月，杜振忠为保定市新市场小学排演的老调新唱剧目《今天是你的生日》参加了保定电视台《保定市校园文化》节目的录制，播出后受到广大观众的好评。

（5）2020 年 1 月 23 日，杜振忠应邀到清苑区电视台录制春节联欢晚会，表演了《潘杨讼》折子戏，播出后反响强烈。

（6）2020 年 6 月 21 日，杜振忠参与录制了保定电视台第一期《梨园青青，名家课堂》节目，播出后受到观众好评。

**（三）演出多多**

（1）2017 年早春，杜振忠应邀参加了保定市清苑区举办的百戏贺春名家名段戏曲演唱会，他演唱的《红衣仙子》选段得到了现场观众的热烈掌声。

（2）2017 年 5 月 31 日，杜振忠应邀参加了在廊坊市举办的第二十七届全国图书交易博览会，在同时举办的为期 5 天的河北省地方戏曲展演活动中，他彩唱了《红衣仙子》等剧目中的经典唱段，受到观众的好评。

杜振忠应邀参加第二十七届全国图书交易博览会

（3）2017 年 8 月 26 日，杜振忠带领保定市直隶老调艺术研究院的成员应邀参加了在衡水市举办的河北省首届园林博览会演出活动，受到观众的欢迎和称赞。

河北省首届园林博览会演出活动现场（左为石艳梅、中为杜振忠、右为张春燕）

（4）2018 年 2 月 13 日，杜振忠应邀参加了由保定市文化广电新闻出版局举办的 2018 年保定市迎新春戏曲联欢会·唱响古城演出活动，他演唱的《红衣仙子》选段赢得掌声一片。

（5）2018 年 2 月 26 日，杜振忠带领保定市直隶老调艺术研究院的成员应邀参加了在保定市直隶大剧院举办的惠民演出活动。他们连演了两场折子戏，圆满完成了保定市文化广电新闻出版局安排的演出任务。

（6）2018 年 2 月 27 日，杜振忠和保定市直隶老调艺术研究院的成员与安国老调剧团一起到霸州李少春大剧院演出了《潘杨讼》和《忠烈千秋》两场大戏，受到广大观众的追捧。

（7）2018 年 2 月 28 日，杜振忠应邀参加了欢乐中国年电谷广场民俗文化节启动演出活动，他演唱了老调的经典唱段，现场掌声不断。

（8）2018 年 5 月 11 日，杜振忠和保定市直隶老调艺术研究院的成员与河北天宝文化集团有限公司的人员一起来到阜平县柏崖村进行慰问演出，受到了当地百姓的认可和赞誉。

杜振忠等人到阜平县柏崖村进行慰问演出

(9) 2018年6月2日，杜振忠和保定市直隶老调艺术研究院的成员与河北天宝文化集团有限公司的人员一起走进保定市文化广电新闻出版局的扶贫村——阜平县下堡村进行义务演出，受到村民们的热烈欢迎和一致好评。

杜振忠等人到阜平县下堡村进行义务演出

(10) 2018年10月24日，杜振忠带领保定市直隶老调艺术研究院的成员参加了2018年“春雨工程”——保定市文化志愿者甘肃行·走进张掖，“筑梦新时代，共抒丹霞情”活动。在 5 天的时间里，杜振忠等人共演出了两场，圆满地完成了保定市文化广电新闻出版局安排的任务。

杜振忠等人在演出后的合影

(11) 2018 年 12 月 18 日，由全国政协副主席卢展工带队的考察团来保定考察，杜振忠为他们表演了老调选段。演出结束后，杜振忠应邀参加了座谈会，并与多位领导合影留念。

杜振忠与全国政协及省市领导在座谈会后的合影

（12）2019 年 1 月 25 日，杜振忠和保定市直隶老调艺术研究院的成员应邀参加了由保定电谷国际酒店和保定市文化广电和旅游局联合举办的第二届年货大集活动，他们的演出受到了现场观众的一致好评。

（13）2020 年 1 月，杜振忠应邀参加了保定市徐水区举办的春节联欢晚会，他演唱的老调选段获得了徐水观众的热烈掌声。

（14）2020 年 7 月 25 日，杜振忠参加了由河北省文化旅游厅主办，河北省群众艺术馆、保定市文化广电和旅游局、保定市群众艺术馆承办的“决胜全面小康，决战脱贫攻坚，河北省全面建成小康社会群众文艺云上展演保定专场”活动。

展演结束后全体演员与省市领导的合影

（15）2020 年 9 月 27 日，杜振忠参加了在阜平县骆驼湾村举办的第三届保定市旅游产业发展大会文艺演出。

演出结束后全体演员与相关领导的合影

（16）2020 年 10 月 1 日，杜振忠参加了保定市文化广电和旅游局在军校广场举办的情满中秋，欢度国庆——“到人民中去”，文化“七进”惠民演出，赢得了满堂彩。

演出结束后全体演员的合影

（17）2020 年 10 月 2 日，杜振忠参加了华北电力大学迎中秋文艺晚会，他演唱的老调选段受到广大师生的赞誉。

（18）2020 年 10 月 19 日，杜振忠到直升机大队（保定飞机场）教部队官兵学唱老调，受到了广大官兵的热烈欢迎。

杜振忠教部队官兵学唱保定老调

（19）2020 年 10 月 23 日至 25 日，杜振忠参加了在徐水梁家营村的书画艺术小镇进行的惠民演出，连演了 3 场折子戏，受到了村民们的一致好评。

# 三、公益培训

（1）2017 年中秋节，杜振忠组织老调名家在阜平县举办了“庆双节·迎十九大”首届戏曲培训班。培训班为期 7 天，保定市直隶老调艺术研究院的 7 名国家一级演员示范演唱了《潘杨讼》选段，此次培训使阜平县的戏迷和票友们获益匪浅。

阜平县“庆双节·迎十九大”首届戏曲培训班合影

（2）2018 年 5 月 19 日，杜振忠和保定市直隶老调艺术研究院的成员一起来到阜平县，参加了阜平县首届文化艺术“名家大讲堂”公益培训班开班仪式，双方签约了一年的培训合同，此举为阜平县传承戏曲文化做出了突出贡献。

（3）2018 年 9 月 15 日，杜振忠走进阜平县文化志愿者戏曲培训班，对戏迷和票友们进行了专业指导。

（4）2020 年 1 月 8 日，杜振忠为保定市文化广电和旅游局举办的“非遗学习班”授课，培训戏迷票友，讲解老调戏曲知识。

阜平县首届文化艺术“名家大讲堂”公益培训开班仪式现场

杜振忠与阜平县文化志愿者戏曲培训班部分学员的合影

（5）2020 年 11 月 21 日，杜振忠参加了在唐县举办的 2020 年度非遗业务培训暨三区人才支持计划非遗培训活动。

杜振忠与参加培训人员的合影

# 四、进京演出

（1）2017 年 8 月，应北京市石景山区文化馆和北京戏剧家学会的邀请，杜振忠组织保定市直隶老调艺术研究院的成员进京演出了《盘夫》和《潘杨讼》选段，受到了北京观众的一致好评。

《潘杨讼》剧照

（2）2017 年 11 月 8 日，杜振忠带领保定市直隶老调艺术研究院的成员到北京市石景山区参加了“学习十九大京津冀戏曲文化交流，国家级非遗剧种保定老调专场演唱会”，他演出了《潘杨讼》选段，社会反响强烈。

演出结束后全体演员的合影

（3）2018 年 4 月 27 日，杜振忠带领保定市直隶老调艺术研究院的成员参加了“戏聚石景山”——京、津、冀、豫等 4 场国家级非遗戏曲剧种演出，他们所演出的老调折子戏深受石景山一带观众的欢迎。

《忠烈千秋》剧照

（4）2020年11月7日至8日，应“邂逅京西，遇见美好”——2020北京文创市集暨西山永定河文化带首届京西模式口文化嘉年华活动的邀请，杜振忠带领保定市直隶老调艺术研究院的成员到北京市石景山区进行了演出。当时主要演出了《潘杨讼》《忠烈千秋》《红衣仙子》《王佐断臂》《盘夫》等剧目中的经典唱段，不仅增强了市集的仪式感，烘托了市集的气氛，还充分展示了保定老调的艺术风采，当地百姓和游客听后赞叹不已。

演出结束后全体演员的合影

（5）2020年12月26日，应北京市石景山区文化馆的邀请，杜振忠带领保定市直隶老调艺术研究院的成员为石景山一带的观众演出了老调折子戏，带去了一场戏曲文化盛宴，收获了广泛的好评。

## 五、积极收徒

杜振忠收徒仪式现场

（左为周玉生，中为杜振忠，右为贾卫）

2017年9月23日，由保定市文化广电新闻出版局主办，保定市直隶老调艺术研究院、保定市戏剧家协会、保定日报社文化传播部等单位承办的杜振忠收徒仪式，在保定市冠军大酒店举行。杜振忠此次收的两位徒弟分别是周玉生和贾卫，这对保定老调文化的传承、发展和弘扬具有十分重要的意义。2019年7月5日，在诸多嘉宾的见证下，杜振忠又在保定艺术学校的期末展演上喜收蔡佳衡、韩佳硕两位弟子。

# 六、荣任评委

（1）杜振忠受保定市清苑区戏曲票友大赛组委会的特邀，连续多年担任老调剧种的评委。

杜振忠担任保定市清苑区第三届戏曲节评委

（2）2019 年 12 月，杜振忠先后两次担任票友大赛的评委。

（3）2019 年 12 月 16 日，杜振忠担任京津冀票友大赛的评委。

# 七、不断创新

在创新方面，杜振忠一直坚持精益求精的精神，传递奉献理念，传播红色信仰，孜孜不倦，乐此不疲。

（1）2018 年 5 月 5 日，保定市直隶老调艺术研究院创作演出了老调戏歌《还乡》，杜振忠的表演受到了同行一致的认可和好评。

这部作品是根据保定市悦众集团董事长陈爱军先生的事迹创作而成的，源于生活，贴近生活，贴近实际，有活气，有灵气，有烟火气，感人肺腑。杜振忠的激情演唱荡气回肠、洒脱豪放，将主人公的人性亮色、情感温度展示得恰到好处、真实可信。

杜振忠为老调新唱录音

这部作品将纪实性和艺术性融为一体，唱响了讴歌新时代共产党员形象的主旋律，营造了极其细腻、真实可信的社会环境，并透过生活表达了深刻的思想情感。

（2）2019 年 12 月，杜振忠组织相关人员创作了一部以保定生活为题材的剧本——《玉石天歌》。

（3）2020 年 2 月，在“战疫情——声援武汉唱新曲，零增长庆胜利”活动中，杜振忠演唱了新编老调戏歌《颂祖国战疫情》和《战疫情》，以此来讴歌战疫英雄们的无私无畏，歌颂武汉人民的守望相助，用能够鼓舞人、激励人的老调唱腔，为白衣天使和志愿者们呐喊助威，送去祝福。

《颂祖国战疫情》这部作品以史诗境界成就颂歌品格，所体现的是一种“大雅正声”的审美品格。这部作品时而低回婉转，时而慷慨激昂，时而豪迈铿锵，具有打动人心的艺术魅力。

《战疫情》这部作品声腔嘹亮，激越高亢，震撼心房。这部作品既深怀现实关切，又坚持以思想情怀熔铸生活，以审美创新升华现实，用心、用情、用力建构起了一个思想底蕴和艺术魅力兼具的艺术境界。

《颂祖国战疫情》和《战疫情》这两部作品的艺术风格独树一帜，向奋战在疫情防控一线的抗疫英雄们表达了崇高的礼赞和敬意，同时也汇集起保定人民同心同德战疫情的磅礴力量，让观众从中体会到了中国力量、中国效率和新时代的保定精神。这两部作品在“战地飞歌”保定市抗击疫情优秀文艺作品评选活动中获得了优秀作品奖、网络人气奖等奖项。

荣誉证书

戏曲类作品保定老调《颂祖国战疫情》：

在“战地飞歌”保定市抗击疫情优秀文艺作品评选活动中获得“优秀作品奖”。

特发此证，以资鼓励。

证书编号：20200500700

扫码查看作品

查询网址：http://vote.ty-bianmin.com/zdfg

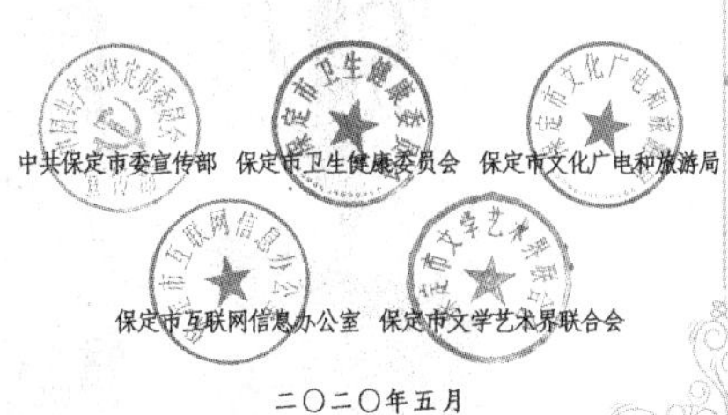


二〇二〇年五月

荣誉证书

（4）2020 年 6 月 25 日，杜振忠组织保定的剧作家为保定艺术学校编写了剧本《山里娃娃城里妈》，之后还将这部剧搬上了舞台，首演即取得了成功。

这部作品以源于生活而又高于生活的审美眼光和艺术气魄，建构起了一个有根基、有灵魂、有温度、有魅力的审美境界。充分调动各种艺术手段，用艺术照亮生活，堪称是这部作品的成功之道。

（5）2020 年 9 月 23 日，杜振忠参加了在唐县举办的“继往开来，拥抱百年”——第三届保定市旅游产业发展大会戏曲专场演出，他演唱的老调戏歌《唐尧大帝》受到了唐县广大观众的好评。

杜振忠在《唐尧大帝》中的扮相

这部作品是根据扬名千古、妇孺皆知的唐尧的事迹创作而成的，是本土文化的创新作品，展现了唐尧大帝在人类历史上波澜壮阔、前所未有的壮举，达到了史诗性审美的预期目标。

这部作品以实带虚、以虚写实、虚实相生的艺术设置，不仅具体真实地表现了唐尧大帝为民谋福祉的历史细节，而且真切细腻地展现了唐尧大帝的战斗意志、精神轨迹和情感世界，使观众深切地感受到了远古时代的生活情境，从而有力地深化了作品的思想主题。

(6) 2020 年 12 月 9 日，随着一阵急促的戏曲锣鼓点儿响起，保定市河北小学的学生们纷纷欢呼雀跃地回到了教室，喧闹的校园顿时安静了下来。

河北小学用戏曲锣鼓点儿和老调过门儿取代上下课铃声的这个创意是杜振忠想出来的，这种做法在全国实属罕见，很多人知道后都表示这个创意真好、真独特，具有保定地方戏曲文化特色。

# 八、中国好人

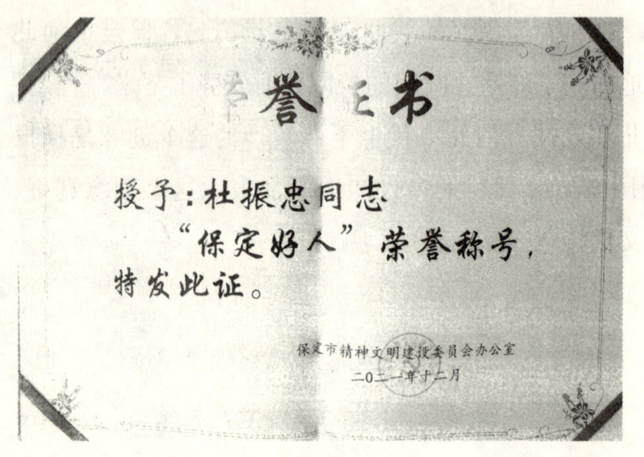

荣誉证书

授予：杜振忠同志

“保定好人”荣誉称号，

特发此证。

保定市精神文明建设委员会办公室

二〇二一年十二月

荣誉证书

2021 年 3 月，保定市文明办发布了 1 月至 3 月的“保定好人”名单，杜振忠因其敬业奉献精神名列其中。

同月，河北省文明办发布了“时代新人·河北好人”名单，全省共有 30 人入选，保定市有 3 人入选，其中就有杜振忠。

纪念证书

杜振忠 同志:

经广大群众推荐、评议，您在“时代新人·河北好人”推选宣传活动中，光荣入选“河北好人榜”。

特发此证，以资纪念。

河北省精神文明建设委员会办公室

二〇二一年三月三十日

纪念证书

2021 年 7 月，中央文明办发布了“中国好人榜”，杜振忠榜上有名。

入选纪念证书

杜振忠 同志：

经广大网民推荐评议，您在网上“我推荐我评议身边好人”活动中，光荣入选“中国好人榜”。

特发此证，以资纪念。

中央文明办

二〇二一年十二月

证书编号：20210381

纪念证书

# 九、再创辉煌

2022年7月10日，由中共保定市委宣传部主办，中共保定市莲池区委、保定市莲池区人民政府协办的保定市首批文化名家工作室授牌揭牌仪式举行，保定老调杜振忠传承室被评为“保定文化名家工作室”。

“保定老调杜振忠传承室”被评为“保定文化名家工作室”

2022年7月27日，保定市第十二届精神文明建设“五个一工程”奖暨首届文艺领军人才颁奖典礼在保定市关汉卿大剧院举行。杜振忠参与创编的老调新唱《打疫苗》荣获保定市第十二届精神文明建设“五个一工程”优秀作品奖，杜振忠荣获“保定市文艺工作特别贡献个人”称号。

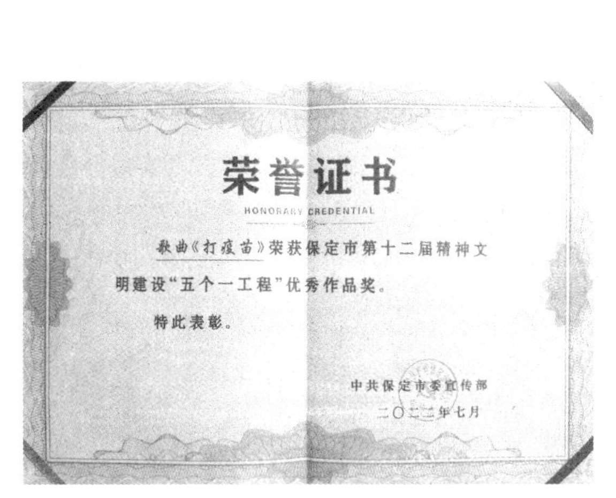
荣誉证书
HONORARY CREDENTIAL

歌曲《打疫苗》荣获保定市第十二届精神文明建设“五个一工程”优秀作品奖。

特此表彰。

中共保定市委宣传部
二〇二二年七月

荣誉证书

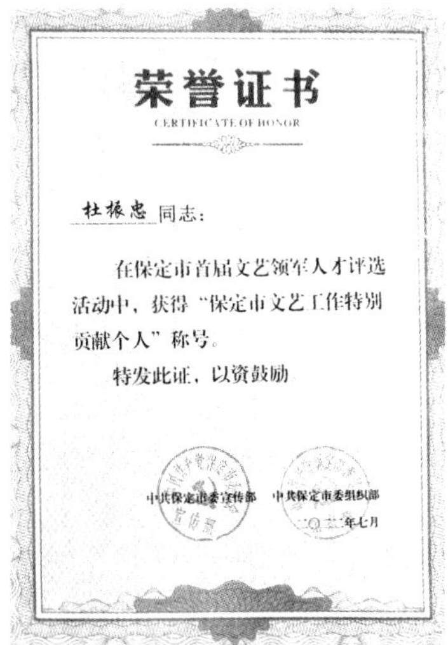
荣誉证书
CERTIFICATE OF HONOR

杜振忠同志：

在保定市首届文艺领军人才评选活动中，获得“保定市文艺工作特别贡献个人”称号。

特发此证，以资鼓励

中共保定市委宣传部 中共保定市委组织部
二〇二二年七月

荣誉证书

2022 年 7 月 30 日，保定市莲池区戏剧协会、莲池区曲艺家协会揭牌仪式举行，杜振忠被聘为保定市莲池区戏剧家协会主席。

聘书
LETTER OF APPOINTMENT

兹聘请杜振忠为保定市莲池区戏剧家协会主席，特发此证。

保定市莲池区戏剧家协会
二〇二二年七月

聘书

写到这里，我创作了一首小诗，与本书的主人公杜振忠，以及敬爱的读者们分享这本书即将脱稿的快慰。

夕阳下，
你迎芬芳，
沾满泥巴的裤腿，
被最艳丽的花朵染香。
你挺起胸膛，
哼一支红色的老歌，
用自己沾满夕阳红光的手指，
去弹奏壮心不已的诗行。
只要大地还在脚下，
你依然是一棵不倒的大树，
把每一天都当成高贵的启程，
扬帆远航。
假如有一天，
枝头还剩一片树叶，
它依然是你——飘扬着的旗帜，
去接纳崇高的山川，
去拥抱波澜壮阔的海洋。
艰难方显勇毅，
磨砺始得玉成。
你充满韧劲，
将涓滴之力，
汇聚成磅礴伟力，
构筑起守护老调的铁壁铜墙。
你只争朝夕，
你自信自强，
让生命，
呈现一派生机勃勃的景象。
让健康深爱你，

让幸福拥抱你，
让平安守护你，
让我的祝福天天跟随你，
张开强健的双臂，
去迎接一轮又一轮璀璨的夕阳。

# 后　记

一

老调是保定土生土长的地方稀有剧种，抒写保定土生土长的老调人的艺术成就和艺术人生，是一个保定土生土长的人民作家义不容辞的责任。

我觉得，一个人民作家，只有将写作对象聚焦于人民，向现实生活的深处开掘，向精神思想的高处探索，才能创作出真正有温度、有感情、有思想、有价值的精品力作。

在创作这部书稿时，我已经66岁，我的座右铭是：青春不毕业，快乐不退休，幸福不衰老，健康不刹车！沿着平安的幸福大道，一路欢歌，笔耕不辍，快乐写作！我的写作宗旨是：让自己笔下的保定老调人，让这本书，接地气，沾露珠，冒热气。

于是，我每天早晨起床后的第一件事就是认真梳理采访笔记，聆听杜振忠发在我手机微信里介绍他演艺生涯故事的语音，阅读记载着杜振忠艺术人生的报刊和图书，观看与杜振忠相关的各种影像光盘。这些资料滋养着我的感官，赋予我写作的灵感，赐予我创作的激情，成为我笔耕不辍的动力源泉。

在这本书中，我基本做到了尊重历史，尊重事实，不刻意夸张，不随意涂抹。基本做到了每一个细节、每一个故事、每一句话都有出处，都有据可依。

二

从艺半个多世纪的杜振忠，扎在保定老调土壤里的根很深，状若榕树，伞盖繁荣茂盛。他具有强烈的社会担当，其丰沛的灵魂，值得品读。

欣赏他人是一种境界，赞扬他人是一种胸怀，敬仰他人是一种收获。学最好的他人，做最好的自己，这是我的信条。而这本书的写作过程，正是我向他人学习的过程，这个过程令我受益终身。

通过创作这本书，我深深地感悟到：学会共情，才能触摸到别人深藏心底的秘密，才能真正对他人有所帮助。很多时候，善待别人，其实就是在善待自己。

写作是我这个老实本分的作家所挚爱的劳动，更是我这个人民作家的神圣职责，唯有朴素的笔，可与我朝夕相伴，风雨兼程。

于是，在洁白的稿纸上，我记下了生命中最宝贵的东西——阳光、空气、土地、山川、河流、鲜花，以及可亲可敬的老调人。

如果有人强令我放下手中的笔，雪藏我手中的笔，叫停我手中的笔，我肯定会觉得四周惨失颜色，犹如 20 世纪初的黑白默片，肯定会觉得喉咙苦涩，舌头肿痛，心也随之焦躁成灰，整个人仿佛变成了金字塔里风干的长老。

## 三

在这本书的写作过程中，有几位好心人曾多次劝诫我："你也是奔 70 岁的人了，给边边沿沿儿的、给天涯海角的、给外国人写写人物传记还可以，千万别给本土名人写传记，尤其是别给本土的戏曲名人写传记，树大招风，这些戏曲名人名气越大，越有争议，越容易得罪人，难免有死对头，你最好躲得远远的，免得招是非，惹麻烦。有那闲空儿，还不如遛遛弯儿，在墙根儿晒晒太阳，和老人们家长里短地唠唠闲嗑儿，又省心又省力，还逍遥自在，何必天天点灯熬油白了头，自找罪受!"每当我听到这样的劝诫，晚上都抑制不住地做噩梦，梦见本土戏曲名人的死对头挥舞着寒光闪闪的利剑在追杀我，我狼狈不堪，抱头鼠窜，遍体鳞伤。剧痛弥漫开来，化作满天乌云，似大兵压境，眼前是一条狭窄的、黢黑的，且伴有鬼哭狼嚎的、充满荆棘的巷道。我举步维艰，每向前走一步，都好像有一双阴冷的鹰爪，丝丝入扣地扼住我的咽喉，令我手指发麻，眼冒金星，心擂如鼓，气息摒窒。每次被噩梦惊醒后，我已是冷汗淋漓，再也睡不着。

尽管如此，我仍旧没有放弃这本书的创作。因为每当太阳升起时，站在窗前的我，眼前都是宜人的景色，明亮洁净，天地一派光明。玫瑰花灿然绽放，百禽鸣唱，鸟语花香，甜蜜与温馨悄然回归体内，心中的每一个犄角旮旯儿都金光灿灿起来。

于是，我深深地感到：如今天下太平，社会和谐，人与人之间充满友爱，本土的戏曲名人哪有那么多死对头啊？即便是多年前曾经有过一个半个的，经过岁月风雨的洗濯，现如今也早已化干戈为玉帛了，曾经的结怨也早就烟消云散了。

一夜，睡梦中，恍惚迷离间，眼前浮现一首小诗：

各安其命和为路，让道为和顺其行。
纵有千言莫论理，得过且过好太平。

这首诗伴我醒来时，已是黎明。曙光射进阳台，顿感神清气爽。我坚信，光明总会大于暗影。

于是，我敏感的神经就像一个个渐渐缩窄的闸孔，将激越的水流凝聚成最后的能量，冲刷着我的恐惧和不安。当我的意志变得一夫当关、万夫莫开时，我生命中的重中之重，便简洁而挺拔地凸立了。身为一个人民作家的我，坚决响应国家号召，用敏感的触角、敏锐的目光，扎根生活，扎根人民，精心创作关照本土文化现实、关照本土戏曲名人的作品，把本土戏曲名人的日常生活和艺术情怀，通过叙述和描写、铺陈和直白，真切地展现出来，给读者们一种美好而温暖的情境体验，形成一种文学与日常的无缝对接和审美达成。

我由衷地感谢自己的这一思想转变，让我更加清晰地知道了什么是我生命中的真爱，那就是我手中的这支笔啊！它噗噗地跳动着，击打着我的手指和掌心，犹如我的另一颗心脏，推动着我的一腔热血。

于是，深夜，在书房，我突然发现周围万籁无声。我在清醒地做出了“无论多难都要把这本书完成，给保定老调的传承增砖添瓦”的选择之后，明白了自己意志的支点，便像婴儿一般单纯而明朗地宁静了。

我悉心地收起桌上洁白的稿纸，一如珍藏一张既定的船票，既然知道了航向和终点，剩下的就是帆起桨落和战胜风浪的努力了。

## 四

夕阳有诗情，黄昏有画意。上班有成就，退休有回忆。人生多绚丽，值得去珍惜。

在这本书的写作过程中，我力求书写有温度的文字，记录有温情的人生，用有价值、有意义的符号点亮有爱、有感动的瞬间，力求让“一事一物”都具有“一粒沙里见世界”“细微之处见精神”的象征力量。于是，我将对生活的情感体验融化成文字，落于笔端，想让这些文字如花朵般绽放开来，并散发出幽幽的淡雅清香。

在表现情思感悟的过程中，我自然而然地将主人公杜振忠的日子、趣味、执着、坚定、品性，乃至他的音容笑貌、气质修养统统呈现出来，以独有的写作态度和体悟生命的形式，展示出他生命的庄重和坚忍、尊严和顽强。

此外，我还力求将质朴之美流转在字里行间，力求做到文从字顺、流畅自然，让读者在通俗易懂的表达中体会我驾驭语言文字的功力。

同时，我力求将语言的色彩、节奏，以及内在情脉天衣无缝地对接、交织、融合在一起，浑然天成。在结构上，我也不故作奇崛，力求不事雕琢，呈现简单之美。

对于杜振忠的艺术人生，或许我表达得不够完整、不够深刻、不够全面，但我已然尽力了。我甚至觉得，如不写出这本书，我定会抱憾终生。

鲁迅先生在《致赖少麒》中指出：“太伟大的变动，我们会无力表现的，不过这也无须悲观。我们即使不能表现它的全盘，我们可以表现它的一角。巨大的建筑，总是一木一石叠起来的，我们何妨做做这一木一石呢?”

我愿做一木一石，愿给高楼大厦做奠基石。

唯愿这本书，能够以小见大，发微知著。

唯愿这本书，是光，是电，是人间四月天。

## 五

紧跟时代偏拒老，征途阔步慨而慷！

心路悠悠长，汗浇笔墨香！

笔下有乾坤，足以慰风尘！

我这个66岁的“老作家”，写一位表演“老调”的“老艺术家”，全都离不开一个“老”字。于是，围绕“老”字做文章的我，想起了魅力无限的夕阳。于是，端坐书桌前，吟诵夕阳：

青山依旧在，
几度夕阳红。

众人平地上，
看我碧霄中。

最美不过夕阳红，
温馨又从容。
夕阳是柔软的床，
夕阳是瑰丽的梦。
八千里路云和月，
万水千山总是情。

登高望远夕阳红，
忽闻溪边踏歌声。
淡泊明志心不惑，
宁静致远站如松。

莫道桑榆晚，
夕阳红彤彤。
彩霞吐烈焰，
枫叶韵正浓。

## 六

真正有思想境界的人，真正能够做到“我将无我”的人，他们在做事时从不考虑自己的利益，无论这件事对自己是否有利，只要国家需要，只要社会需要，只要人民需要，他就会全身心地投入。为他人的需要而做，而且用心去做，这是一种高境界。

能让人闪闪发光的，是在人生的任何阶段都能够持有认真努力的态度，无论是在职时还是退休后，无论是青年时期还是老年阶段，无论阴晴雨雪，都对自己有要求，对未来有追求，对事业有行动。这样的人才会明光锃亮、熠熠生辉、光彩夺目，这样的人才能在奔跑的路上每一天都精彩。

也许，风雨过后没有期待已久的彩虹；也许，努力过后没能得到相应的回报，可毕竟我们都曾努力过。因此，我们要认真过好每一天，相信明天会更好。

欣赏老调大戏，写老调人的艺术人生，具有开蒙人的智慧、通达人的思维、启迪人的感悟的力量，当我走近老调时，就更接近了真我。

和大自然在一起养生，和善良的人在一起养德，和知心的人在一起养心，和快乐的人在一起养颜，和充满正能量的人在一起劳碌奔波，一定会终身受益。

通过欣赏杜振忠在几十出大戏里饰演的不同角色，通过了解杜振忠的人生轨迹，让我的大脑感悟到了不同的风和雨。我的头脑在不同风景的滋养下，变得机敏和多彩，目光因此而老辣，谈吐因此而谦逊。

## 七

人生只有经过荒凉，才能抵达内心的繁华。只有拥有战胜一切艰难险阻的信心和决心，才不会被种种的磨难打败，才能活出自己的精彩。

奇迹考验人的毅力，灾祸塑造人的坚强，纵使我们无法预知未来的景象，但我们也要坚定信念，阔步向前，不断地挑战自我、突破自我。无论冬天多么漫长，春天终会到来，花儿总会盛开。

岁月是一首歌，它奏响了人类生命的乐曲，旅途的风景就是最美的文字，一路的心情是最好的心声。当我们用真情去谱写，用乐观去演唱，生活带给我们的就是一份积极和永不凋落的明媚。

人生的喜怒哀乐、成败得失，组成了一道道风景线，享受人生每一站不同的风景，驻足观赏，让眼底的风景构成一幅独特的风景画，就会有别样的人生、别样的风景。这样的人生和风景会让人喜出望外，喜不自胜。在不经意间抓住了靓丽的容颜，并把靓丽的容颜永远带进自己的梦，真好！

风华正茂几十年，青丝白发转瞬间。
但愿彼此多保重，过好当下每一天。

在这里，我用感恩的心，致谢人生路上遇到的所有帮助过我的人，尤其感谢保定市原市长马誉峰先生的大力支持。

## 八

愿我们的生活像一本厚重的书，封面漂亮，内容精彩。不管在哪个年纪，都活成最好的模样。忙碌中保重自己，快乐中享受生活。

愿我们怀着快乐的心，继续寻找开心的路，迈开健康的步，唱着不老的歌，留下年轻的心，向幸福出发，迎接新的一天。

挂着露珠的鲜花，是那样娇弱纤巧，我由衷地挚爱它们，觉得它们美轮美奂、不可或缺。

绚烂有刺的玫瑰，象征着生活的美好和无法回避的艰难，我更加挚爱它们。

愿有一束火红的、接地气的、沾露珠的、冒热气的玫瑰，伴我到天涯。

九

今天清晨，“后记”脱稿。

今天是中秋节，在这个万家团圆的日子里，身为人民作家的我，唯愿山河锦绣，国泰民安！唯愿家家和顺致祥，户户幸福美满！

可亲可敬的老调人，让我们迎着清风，一起昂首阔步向幸福出发！永葆初心，牢记使命，乘风破浪，扬帆远航！

愿我们在喜迎二十大的日子里，时时有老调戏曲环绕，有老调声腔陪伴，有温馨悠悠跟随，有健康紧紧依偎，有好运殷殷守候，百毒不侵。

路焕银

2022 年 9 月 10 日写于家中